Horst Fröhler

Was

KONRAD DUDEN

zum Thema

GENDERN

zu sagen hätte

Das soll noch Deutsch sein? –

Schluss mit dem hilflosen Geschreibsel und Gestammel!

Inhalt

Das fehlende Grammatikkapitel: Personenbezogene Allgemeinbegriffe

Klarstellungen zum Genderdeutsch

Danksagung:
Der Verfasser dankt Frau Edeltraud Wagner und Herrn OStR Prof. i. R. Erwin Demetz für ihre hilfreichen Hinweise und die sorgfältige Durchsicht.

Anstelle eines Vorworts –
Mit der Tür ins Haus fallen...

Der flammende fiktive Hilferuf Konrad DUDENs aus dem Jenseits schreit förmlich nach Antworten (siehe Seite 11).

Dass Konrad DUDEN die Entwicklungen im Bereich der Gegenwartssprache nicht so recht verstehen kann, ist kein Wunder, denn sein Zeitgeist ist nicht der Geist unserer Tage.

Wir leben in einer Welt, die von einer Auflösung bislang allgemein akzeptierter Grundwerte gekennzeichnet ist. Eine frappante Parallele in Fragen, die scheinbar nichts miteinander zu tun haben, möge dies verdeutlichen:

Was haben der **Sturm auf das US-Kapitol** und der **Sprachfeminismus** gemeinsam?

Beide verweigern die Anerkennung von Grundsätzen, die bisher so selbstverständlich waren, dass sie nirgends geregelt werden mussten:

- Es war in Demokratien immer selbstverständlich, das Ergebnis korrekt verlaufener Wahlen anzuerkennen.

- Es war im Deutschen immer selbstverständlich, Personenbegriffe als Allgemeinbegriffe zu verstehen und dementsprechend zu verwenden. Anders gesagt: Jeder wusste, dass mit „jeder" wirklich jeder Mensch gemeint ist. Heute muss man „jede/r" schreiben, um dem Mainstream zu entsprechen.

Die Parallelen sind nicht zu übersehen:

- Der Sturm auf das Kapitol rüttelt an den Grundfesten der amerikanischen Demokratie.
- Der Sturm auf die deutsche Sprache zerstört deren Grundstruktur, und macht sie damit unbrauchbar.

Beide Male geht es offensichtlich nicht mehr um die Bewahrung von selbstverständlichen Grundwerten, sondern um die rücksichtslose Durchsetzung partikulärer Eigeninteressen. Und beide Male zeigt sich dasselbe moralische Defizit, nämlich ein Mangel an Respekt für bisher fraglos gültige Werte.

Aber auch die Unterschiede sind nicht zu übersehen: Der Fall in Amerika wird mittlerweile juristisch aufgerollt, indem die Rädelsführer Zug um Zug vor Gericht gestellt werden. Der Aufruf zur Zerstörung der deutschen Sprache hingegen durch Luise Puschs unverhohlene Parole, die Aufgabe der feministischen Linguistik darin zu sehen, „Regelverstöße zu erfinden und deren Einhaltung einzufordern", liegt bereits Jahrzehnte zurück, und viele Sprachfeministinnen sind diesem Aufruf gefolgt. Doch kein Gericht hat sie bislang dafür zur Rechenschaft gezogen. Schlimmer noch: Die sprachfeministischen Aktivitäten wurden von der Politik sogar noch massiv unterstützt.

Der Sprachfeminismus hatte insofern leichtes Spiel, weil das, was er systematisch zu zerstören begann, nämlich die personenbezogenen Allgemeinbegriffe, quasi sprachliches Freiwild waren. Für diesen Teil der Deutschgrammatik gab es bislang keinerlei Beschreibungsmodelle, eben weil er für das Deutsche so selbstverständlich war wie die Anerkennung eines Wahlergebnisses.

Das fehlende Grammatikkapitel **„Personenbezogene Allgemeinbegriffe"** wird in diesem Kompendium nun erstmals schriftlich vorgelegt. Wir alle haben diese Gesetzmäßigkeiten zwar im Kopf und verwenden die Sprache tagtäglich diesem Modell entsprechend, aber nachlesen konnten wir all das noch nie.

Doch das ist erst ein erster Schlüssel zur Bekämpfung des Krebsgeschwürs namens „GENDERN". Ein zweiter Schlüssel ist in der lückenlosen Widerlegung aller Forderungen der Sprachfeministinnen gegeben. Im Kapitel **„Klarstellungen zum Genderdeutsch"** werden Punkt für Punkt alle Fehlannahmen zur vorgeblichen „Geschlechter-Ungerechtigkeit" unserer Sprache entkräftet.

Zumindest für die Gegebenheiten in Österreich ist in diesem Buch noch ein dritter Schlüssel zu finden: In der Österreichischen Bundesverfassung ist im Artikel 8 „Deutsch" als Staatssprache definiert. Dass irgendjemand befugt wäre, ein tragendes Element dieser Sprache eigenmächtig zu ändern, ist in der Verfassung nicht zu finden. Somit steht das Vergehen eines Verfassungsbruchs im Raum.

Mit Hilfe all der vielen Argumente in dieser Zusammenstellung wird evident: Dem üblen Treiben des „Genderns" ist schnellstmöglich ein Ende zu setzen. Die Mehrheit der Bevölkerung teilt diese Meinung seit jeher, die Politik hingegen leider noch immer nicht.

Im Gegenteil, die Politik hat den Schandtaten der Sprachfeministinnen zusätzlich noch eine große Zahl eigener gravierender Missgriffe hinzugefügt. Auch diesem Bereich ist ein Kapitel in diesem Buch gewidmet.

Stoff genug, um zweifelsfrei klarzustellen:

Es ist hoch an der Zeit, in der Sprache wieder normale Verhältnisse zu schaffen. – Die Politik ist aufgefordert, endlich reinen Tisch zu machen!

Auf telepathisch-inspiratorischem Weg gelangten
Konrad DUDENS verzweifelte Gedanken aus dem
Jenseits in unsere Welt von heute.

Sie sollten uns nachgeborenen Menschen mit deutscher
Muttersprache sehr zu denken geben:

Konrad DUDENs Appell
aus dem Jenseits

*An alle Nachgeborenen
mit deutscher Muttersprache!*

*Der Verlag, der meinen Namen als Markenzeichen
verwendet, hat in den letzten Jahrzehnten zwei
Fehler gemacht, die für mich, Konrad DUDEN,
unverzeihlich sind:*

*In der DUDEN-Grammatik fehlt seit jeher ein
Kapitel, das klärt, wie die personenbezogenen
Allgemeinbegriffe, eine der tragenden Säulen der
Sprachstruktur, im Deutschen verwendet werden.
Jeder von Euch wendet sie tagtäglich intuitiv
richtig an, aber nirgends sind die entsprechenden
Gesetzmäßigkeiten festgeschrieben.*

Wäre dieser entscheidende Fehler nicht passiert, hätte auch der zweite schwerwiegende Fehler nicht geschehen können: Es wäre niemals dazu gekommen, dass im Rechtschreib-DUDEN aus dem Jahr 2020 falsche Behauptungen über die Bedeutung und Verwendung personenbezogener Allgemeinbegriffe aufgestellt werden.

Hätte ich in „meiner" DUDEN-Redaktion auch nur noch e i n Wörtchen mitzureden, ich hätte die derzeitige Wörterbuch-Redakteurin niemals als Chefin eingesetzt, sondern eher zur Nachschulung in einen Deutschkurs geschickt.

Als Beobachter aus dem Jenseits konnte ich sehen, wie die Politik den sprachfeministischen Bestrebungen mehr und mehr Raum gab, wohl aus Mangel an besseren Ideen für die Durchsetzung der Frauenrechte. So wurden zahlreiche Lehrstühle für „Gender Studies" und „Feministische Linguistik" gegründet, wobei übersehen wurde, dass die Damen zwar viel von Feminismus, aber wenig von Linguistik verstanden. Anstelle wissenschaftlicher Studien wurde an feministischen Kampfansagen zur Zerstörung unserer Sprache gearbeitet. So gab etwa eine der Wortführerinnen die Parole aus: „Aufgabe der feministischen

Linguistik ist es, Regelverstöße zu erfinden und deren Einhaltung einzufordern." Genau das wurde Zug um Zug in die Tat umgesetzt, sodass sich heute ein unglaubliches Bild der Sprachzerstörung ergibt. Dass die Politik diesem Treiben nicht sofort einen Riegel vorschob, ist und bleibt unverständlich.

Mindestens ebenso unverständlich und unverzeihlich ist, dass sich die Fachwelt der Germanisten und Linguisten nicht massiv den Forderungen des Sprachfeminismus entgegengestellt hat. Den Politikern mag man ihre fachliche Unbedarftheit noch nachsehen, aber Euch Fachleuten?

O ihr Professores an den Universitäten und ihr Fachlehrkräfte für Deutsch an den Schulen! Ihr müsst doch wissen, wie die tradierte Grammatik unserer Sprache funktioniert! Ihr habt ja alle das Fach Deutsch studiert und gebt durch eure Lehrtätigkeit die gesicherten Kenntnisse weiter! Wie konnte es passieren, dass Ihr den sprach-gesetzwidrigen Forderungen nicht sofort entschieden entgegengetreten seid?– Schande über Euch! Es ist beschämend, dass weder die Fachwelt noch die DUDEN-Redaktion Verantwortungsbewusstsein für die deutsche Sprache zeigten. Ich verstehe die Welt nicht mehr.

So bleibt mir derzeit keine andere Wahl, als mich mit dem verzweifelten Aufschrei „O tempora, o mores!" im eigenen Grabe umzudrehen, weil sich mir die schöne deutsche Sprache mehr und mehr als unwiederbringlich zerstört präsentiert.

Mit untröstlichen Grüßen aus dem Jenseits

KONRAD DUDEN

PS:

Das fehlende Grammatikkapitel „Personenbezogene Allgemeinbegriffe im Deutschen" liegt inzwischen in einem überzeugenden Entwurf vor. Es ist hier dem Kompendium angefügt und sollte ehestmöglich zum fixen Bestandteil von Schulgrammatiken werden.

Ein weiterer Teil enthält „Klarstellungen zum Genderdeutsch" und ist nicht minder bedeutsam, weil er die Hintergründe und die schlimmen Folgen für unsere Sprache klarstellt. Zu Recht wird die Politik aufgefordert, die durch ihre Mithilfe entstandenen Schandtaten rückgängig zu machen.

Es wäre sehr zu wünschen, dass der Verlag, der meinen Namen trägt, sich des bislang fehlenden Kapitels über den Gebrauch von personenbezogenen

Allgemeinbegriffen annimmt und die DUDEN-*Grammatik entsprechend ergänzt. — Wenn das geschehen ist, steht nichts mehr im Wege, auch den historischen Irrtum der Wörterbuchredaktion ein für allemal zu beheben und den richtigen Gebrauch der deutschen Sprache wieder herzustellen. Ich werde dann hoffentlich doch noch endgültig meinen Seelenfrieden finden...*

K. D.

Das fehlende Grammatikkapitel:

Personenbezogene Allgemeinbegriffe

oder:

Wie unsere Sprache Jahrhunderte lang klar, problemlos und diskriminierungsfrei funktionierte

VORBEMERKUNG

Wenn Sie dieses bislang noch nie aufgezeichnete Grammatikkapitel lesen, werden Sie schnell bestätigen: Ja, genau so ist es, so funktionierte unsere Sprache seit jeher! Man konnte es bisher nur nirgends explizit nachlesen.– Die Lektüre mag zwar wegen ihrer schulgrammatischen Anmutung zunächst nur als mäßig spannend empfunden werden, aber sie ist absolut erhellend, weil sie den alltäglichen intuitiven Sprachgebrauch von uns allen widerspiegelt!

Wem ein spannender Lektürestart lieber ist,

der kann diesen Teil durchaus zunächst über-springen und beim zweiten Teil beginnen. Dort erwartet Sie die schockierende Erkenntnis, mit welchen üblen Tricks die Sprachfeministinnen zu erzwingen versuchten, die Sprache für ihre Ziele zu vereinnahmen. Sie erfahren aber auch, wie sehr sich die Politik als gedankenloser Helfershelfer missbrauchen ließ und dadurch unserer Sprache einen fast schon nicht mehr gutzumachenden Schaden zufügte. Auch in Ihrem Kopf wird sich sehr bald die böse Erkenntnis einnisten, dass wir angesichts all dieser sprachfeministischen und politischen Machenschaften den Boden einer demokratischen Gesellschaftsordnung längst verlassen haben...

Präambel

In der deutschen Sprache gibt es – wie in den meisten anderen europäischen Sprachen – personenbezogene Allgemeinbegriffe. Sie ermöglichen eine klare sprachliche Verständigung bei bestmöglicher Einfachheit der Formulierungen.

Jeder dieser Begriffe verfügt zwar nur über e i n grammatisches Geschlecht, umfasst aber in seiner Bedeutung jeweils a l l e menschlichen Wesen. Solche Allgemeinbegriffe werden immer dann in der Sprache eingesetzt, wenn es um allgemein gültige Aussagen geht, ohne ein einzelnes konkretes biologisches Geschlecht vor Augen zu haben. (Ein klassisches Sprichwort als Beispiel: „Der Mensch ist dem Menschen ein Wolf." – Dass damit prinzipiell das Verhältnis aller menschlichen Wesen zueinander gemeint ist, lässt sich wohl nicht bezweifeln.)

Der Begriff „Geschlecht"

In der nun folgenden Zusammenstellung geht es – wie immer in der Grammatik – ausschließlich um das **grammatische Geschlecht,** also das sog. GENUS von Wörtern. Zur Klarstellung wird daher vorweg Folgendes festgehalten:

Die Wortart „Nomen/Substantiv" ist im Deutschen in 3 Deklinationsklassen (GENERA) einzuteilen, und zwar:

- Deklinationsklasse 1 (DK 1) → Leitwort für den 1. Fall „der"
- Deklinationsklasse 2 (DK 2) → Leitwort für den 1. Fall „die"
- Deklinationsklasse 3 (DK 3) → Leitwort für den 1. Fall „das"

Diese 3 Deklinationsklassen wurden und werden von der Antike bis auf den heutigen Tag als „grammatisches Geschlecht" bezeichnet. Von drei „Geschlechtern" zu sprechen lag wohl deshalb nahe, weil man als Schüler-Merkhilfen für die drei Leitwortkategorien „der", „die" und „das" die Begriffe „männlich", „weiblich" und „sächlich" anbieten konnte. (Ähnlich wie man Grundschülern auch heute noch „A wie Affe, B wie Banane usw." als Alphabet-Merkhilfe anbietet.)

Daraus resultierte, dass in der Geschichte des Grammatikunterrichts
- das Leitwort „der" als „männlich/maskulin"
- das Leitwort „die" als „weiblich/feminin"
- das Leitwort „das" als „sächlich/neutral"
bezeichnet wurden, obwohl kein zwingender unmittelbarer Zusammenhang zum konkreten natürlichen Geschlecht besteht.

Dass diese Artikelzuordnungen sowie die Attribute „männlich, weiblich, sächlich" nur nomenklatorische Hilfsbegriffe darstellen, wird für jedermann evident, wenn man bedenkt, dass kein sprachkundiger Mensch auf die Idee käme, „die Männer" als „weiblich" zu bezeichnen, auch wenn der Artikel hier zweifellos „weiblich" ist. Dasselbe gilt für den Fall, dass jemand „mit der Schwester" einkaufen geht; kein Mensch käme auf die Idee, dass aus „der Schwester" nun ein Mann geworden wäre, wie es der Artikel „der" eigentlich nahelegt.

Unter diesem Blickwinkel muss der mehrgestaltige deutschsprachige Begriff „Geschlecht" nun folgendermaßen differenziert werden:

- GENUS = grammatisches Geschlecht
- SEXUS = biologisches Geschlecht, engl. *sex*
- GENDER = sozial bedingtes, gefühltes, persönlich gewünschtes Geschlecht (engl. *gender*, Sprachschöpfung von *Judith Butler* aus der 2. Hälfte des 20. Jahrhunderts)

Von diesen drei Bedeutungen des Wortes „Geschlecht" ist in der **Grammatik** ausschließlich das GENUS, also das grammatische Geschlecht, relevant. – Im Umkehrschluss heißt das, dass *sex* und *gender* für die **Grammatik der Allgemeinbegriffe,** die ja ausschließlich die Konstruktionsweise der Sprache betrifft, irrelevant sind. (Die Sprache als Ganzes genommen stellt natürlich auch die Begriffe *sex* und *gender* bereit, aber nur zum Zweck der zwischenmenschlichen Verständigungsmöglichkeit im Rahmen der Bedeutungsdimensionen dieser Wörter.)

Wenn jedoch in der Sprache der Bereich des SEXUS berührt wird, also des konkreten biologischen Geschlechts, verliert die **Grammatik der**

Allgemeinbegriffe ihre Gültigkeit. Wer „die Frau" als Allgemeinbegriff deutet, hat die Konstruktionsweise der deutschen Sprache nicht verstanden. Wer jedoch „die Person" als rein feminine oder „der Mensch" als rein maskuline Form interpretiert, hat ebenfalls die Funktion unserer Sprache nicht verstanden.

Daher ist es wichtig und unerlässlich, den grammatischen Sachverhalten bei personenbezogenen Allgemeinbegriffen im Detail auf den Grund zu gehen.

Die Gesetzmäßigkeiten für personenbezogene Allgemeinbegriffe im Einzelnen

§ 1 – ERSTE HAUPTREGEL

J e d e s personenbezogene Nomen / Substantiv tritt im Deutschen primär in der Funktion eines Allgemeinbegriffs auf – vollkommen unabhängig davon, welchem der drei grammatischen „Geschlechter" es angehört. (Einzige Ausnahmenkategorie, siehe § 2.)

Jeder dieser Begriffe steht im Normalfall somit universell für jedes beliebige konkrete Geschlecht einer Person.

Beispiele

der Mensch	*DK 1*	*„Maskulinum" / „männlich"*
		→ *das konkrete biologische Geschlecht bleibt offen*
die Person	*DK 2*	*„Femininum" / „weiblich"*
		→ *das konkrete biologische Geschlecht bleibt offen*
das Individuum	*DK 3*	*„Neutrum" / „sächlich"*
		→ *das konkrete biologische Geschlecht bleibt offen*

Mit jedem der hier beispielhaft genannten Begriffe ist – unabhängig vom so genannten grammatischen „Geschlecht" – potentiell jeweils jedes menschliche Wesen gemeint. Die nachfolgenden Einzelaussagen mögen das verdeutlichen.

Beispiel

*Eine **Person** wurde bei Einbruch der Dunkelheit noch immer vermisst.*

→ Trotz des „weiblichen" Artikels bleibt das biologische Geschlecht der vermissten Person unklar. Erst eine nähere Spezifikation kann Klarheit schaffen:

*Bei der vermissten **Person** handelt es sich um eine 25-jährige **Frau**.*

– ODER –

*Bei der vermissten **Person** handelt es sich um einen 25-jährigen **Mann**.*

Das Beispiel zeigt somit zweifelsfrei:

In der allgemeinen Grundform ist jeder personenbezogene Begriff unterschiedslos und niemanden
diskriminierend auf alle biologischen Geschlechter
bezogen. Fachsprachlich bezeichnet man diese
Grundfunktion als GENUS COMMUNE, d. h.,
gemeinsame Wortbedeutung für alle biologischen
Geschlechter.

Erst bei näherer Spezifikation kann einem
Allgemeinbegriff ein **konkretes** biologisches
Geschlecht zugeordnet werden, also ein GENUS
CONCRETUM.

Die drei Beispielsätze zum Begriff „Person" machen
diesen Sachverhalt nachvollziehbar.

A l l e personenbezogenen Allgemeinbegriffe
haben also – im Gegensatz zu den in § 2
beschriebenen Begriffen – **zwei Funktionen** in
unserer Sprache:

- GENUS COMMUNE als allgemeine Wortbedeutung in erster Instanz,
- GENUS CONCRETUM als spezielle Wortbedeutung in zweiter Instanz.

Welche Art der Wortbedeutung innerhalb eines
Textes aktiviert ist, ergibt sich aus dem
Zusammenhang.

§ 2 – Nomen, die das natürliche Geschlecht wiedergeben

Die wenigen **konkreten personenbezogenen Nomen**, die das **natürliche Geschlecht** von Menschen wiedergeben, sind evidenterweise als Allgemeinbegriffe auszuschließen.

Beispiele

der Mann, der Vater, der Bruder, der Onkel, der Großvater...
die Frau, die Mutter, die Schwester, die Tante, die Großmutter...

Wörter dieser Art bezeichnen das konkrete biologische Geschlecht von Personen. Ausschließlich bei diesen wenigen Wörtern fallen somit GENUS und SEXUS zusammen, d. h., die bezeichneten Personen sind tatsächlich auch biologisch „männlich" oder „weiblich".

Nur bei dieser kleinen Gruppe von personenbezogenen Begriffen sind also die Leitwörter „der" bzw. „die" in der Grundform (= dem sog. „1. Fall") kennzeichnend für das konkrete biologische Geschlecht.

Diese Wörter sind daher – fachsprachlich betrachtet – ausschließlich der Kategorie des GENUS CONCRETUM zuzurechnen.

ANMERKUNG

Ein Wort aus dieser Rubrik fällt auffallend aus dem Rahmen: Der Artikel zum Wort „**Mädchen**" gibt nicht das natürliche Geschlecht wieder. Daher kommt es bei der inhaltlichen Fortführung im Text oft zu Schwankungen bei der grammatischen Übereinstimmung (sog. KONGRUENZ). Statt der grammatisch korrekten Fortführung mit „**es**" gibt es oft einen Wechsel zu „**sie**", dem GENUS CONCRETUM.

Beispiel

Das Mädchen *fühlte sich hilflos.* **Es** *weinte bitterlich. (Grammatisch korrekt)*

Das Mädchen *fühlte sich hilflos.* **Sie** *weinte bitterlich. (Biologisch korrekt)*

(„Das Kind" ist ein ähnlicher Fall, steht aber sowohl für Mädchen als auch für Buben und wird dadurch als plausibler empfunden. Die Wurzel für die „sächliche" Einstufung von „Kind" und „Mädchen" liegt in der Antike, wo Kinder als rechtlose „Ware" betrachtet wurden.)

§ 3 – Spezialfall Personalpronomen

Für die Wörter, die als Stellvertreter personenbezogener Nomen fungieren, die sog. PERSONAL-PRONOMEN, gelten abwechselnd beide bisher genannten Regeln, nämlich § 1 bzw. 2: Die Singularformen stellen in ihrer Primärfunktion jeweils ein GENUS CONCRETUM dar (gemäß § 2), bei den **Pluralformen** handelt es sich hingegen jeweils um GENUS COMMUNE (gemäß § 1).

Personalpronomen im Singular

ich → ausschließlich GENUS CONCRETUM, weil damit immer ein konkretes Individuum gemeint ist

du → ausschließlich GENUS CONCRETUM, weil damit immer ein konkretes Individuum gemeint ist

er, sie → GENUS CONCRETUM, wenn damit jeweils eine konkrete Einzelperson gemeint ist; beide Pronomen können jedoch fallweise auch als GENUS COMMUNE verwendet werden (siehe § 10)

es → Spezialfall: Auf Personen bezogen fungiert das Wort „es" nur als Verweis auf das vorher genannte Nomen, z. B. das Kind"; das natürliche Geschlecht von „Kind" ist nur aus den begleitenden Textteilen erschließbar.

Beispiele

Ich *heiße Elisabeth Pirkl.*
Du, *lieber Erwin, bist mein bester Freund.*
Er *stellte sich als Raimund Moser vor,* **sie** *als seine Frau.*

ANMERKUNG 1

Sehr oft werden die Personalpronomen als weiterführende Verweise im Text eingesetzt.

Beispiele

Die Tante *kam zu spät zur Feier.* **Sie** *hatte den Zug versäumt.*

Der Bub *weinte.* **Er** *hatte seinen Lieblingsteddy verloren.*

ANMERKUNG 2

Die „Personalpronomen" **er, sie** und **es** haben (inklusive all ihrer fallbezogenen Abwandlungsformen) auch außerhalb der rein personenbezogenen Begriffe eine wichtige Funktion: Sie können als Stellvertreter für j e d e s Nomen im Text eingesetzt werden. (Sie treten dann eigentlich als „Allgemeinpronomen" auf, nicht mehr als echte „Personalpronomen".)

Beispiele

Der Baum *war offensichtlich krank.* **Er** *hatte viele dürre Äste. Auch die Rinde fehlte* **ihm** *bereits an manchen Stellen.*

Die Situation *spitzte sich mehr und mehr zu.* **Sie** *wurde täglich dramatischer.*

Das Gewitter *kam immer näher.* **Es** *entlud sich direkt über uns. Wir konnten* **ihm** *nicht entkommen.*

§ 4 – Allgemeinbegriffe im Plural

Die Allgemeinbedeutung personenbezogener Nomen findet auch bei einer Verwendung im Plural ihre Fortsetzung.
Mehrzahlformen sind in ihrer Grundbe-
deutung wie die Einzahlform jeweils GENUS
COMMUNE.

Beispiele

Der Bürger *hat sich an die Gesetze des Landes zu
halten.*
Die Bürger *haben sich an die Gesetze des Landes
zu halten.*

Die Teilnehmer *waren hoch motiviert.*
Der Teilnehmer *mit der Startnummer 1 war eine
Frau.*
Die meisten anderen **Teilnehmer** *drückten der*
Teilnehmerin *mit der Startnummer 1 die
Daumen.*

ANMERKUNG

Fast schon wie ein Scherz wirkend, aber zur
Herstellung sprachlicher Gewissheit unerlässlich, sei hier nochmals klargestellt: Vom
SEXUS her ist „der Bürger" nicht als
„männlich" zu verstehen, ebenso wenig „die
Bürger" als vom SEXUS her „weiblich" –
trotz ihres „weiblichen" Artikels.

Grammatische Gesetzmäßigkeiten haben
eben – mit Ausnahme von § 2 – nichts mit
biologischen Gegebenheiten zu tun.

§ 5 – „Movierte Formen" und ihr Anwendungsbereich

Bei sehr vielen personenbezogenen Allgemeinbegriffen gibt es die Möglichkeit, eine speziell weibliche Wortform mit der Endung „-in" zu bilden (sog. „movierte Form"). Diese Wortform bezeichnet dann aber definitiv nur das weibliche Geschlecht und schließt zugleich alle anderen menschlichen Wesen aus.

Beispiele

*Alle **Teilnehmer** wurden beim Eingang kontrolliert.*
→   GENUS COMMUNE, also Personen jedweden Geschlechts

*Alle **Teilnehmerinnen** erhielten beim Eingang eine Rose.*
→   GENUS CONCRETUM, also nur Personen weiblichen Geschlechts

Die Damenwelt erweist sich somit als von der Sprache bevorzugt behandelt. Denn: **Das Privileg einer eigenen speziellen Wortform besitzt die Männerwelt bei Allgemeinbegriffen nicht.**

Bei den „**Teilnehmerinnen**" bleiben die Damen in jedem Fall unter sich.

Die „**Teilnehmer**" hingegen müssen das Wort prinzipiell mit allen Geschlechtern teilen. Erst eine entsprechende Spezifikation, z. B. „männliche Teilnehmer", klärt eindeutig, dass nun nur die männliche Personengruppe gemeint ist.

Da die Sprache aber grundsätzlich ökonomisch arbeitet, lässt sich in manchen Fällen eine umständliche Spezifikation umgehen und trotzdem Klarheit herstellen:

*„Die **Teilnehmerinnen** begeben sich bitte in den Sektor A, die **Teilnehmer** in den Sektor B."*

Die Komplexität, aber auch die Präzision der deutschen Sprache, zeigt sich in diesem Zusammenhang an einem weiteren Detail: Während z. B. im Satz

*„Der jüngste **Teilnehmer** belegte überraschend den ersten Platz."*

das konkrete Geschlecht (SEXUS = GENUS CONCRETUM) offen bleibt, weil sich die Aussage auf jedes menschliche Wesen beziehen kann, so wird hingegen im Satz

*„Die jüngste **Teilnehmerin** belegte überraschend den ersten Platz."*

ausschließlich auf eine weibliche Person Bezug genommen. Allerdings ergibt sich aus dieser Zuschreibung zum femininen SEXUS zugleich ein weiterer feiner Unterschied: Im ersten Satz ist der – absolut gesehen – jüngste unter den Teilnehmern gemeint, im zweiten hingegen ist nur von der jüngsten **Teilnehmerin** die Rede. Es kann also bei dieser Veranstaltung auch einen noch jüngeren männlichen **Teilnehmer** gegeben haben, der aber nicht den ersten Platz errungen hat.

Die Präzision der deutschen Sprache steht und fällt mit der richtigen Anwendung von personenbezogenen Allgemeinbegriffen – im traditionellen Sinn.

§ 6 – Gemeinsamer Oberbegriff bei unterschiedlichem SEXUS

Personenbezogene Allgemeinbegriffe sind unerlässlich, um klare und unmissverständliche Aussagen auch dann treffen zu können, wenn Personen unterschiedlichen Geschlechts im selben Zusammenhang genannt werden.

Beispiel

*Käthe Kollwitz und Ernst Barlach zählen zu den bedeutendsten **Künstlern** des 20. Jahrhunderts.*

„Künstler" sind – als GENUS COMMUNE – Personen jedweden Geschlechts. Daher ist diese Form der gemeinsamen Aussage über Personen, die vom SEXUS her verschieden sind, nämlich eine weibliche und eine männliche, möglich.

Diese Regel gilt auch für Formulierungen im Plural:

Beispiel

*Unter den sieben teilnehmenden **Künstlern** waren vier **Frauen**.*

§ 7 – Einzelpersonen innerhalb eines Oberbegriffsrahmens

Personenbezogene Allgemeinbegriffe ermöglichen es, Einzelpersonen in einen übergeordneten allgemeinen Begriffsrahmen einzuordnen.

Beispiel

*Angela Merkel war viele Jahre lang der einflussreichste **Politiker** Europas.*

Würde Angela Merkel hier als „die einflussreichste Politikerin Europas" tituliert werden, hieße das indirekt, dass es neben ihr mindestens e i n e n ebenso einflussreichen männlichen Politiker gegeben hätte. Erst die Grundfunktion des Wortes „Politiker" als GENUS COMMUNE legt klar, dass es mit diesem Begriff um a l l e Personen in politischen Funktionen geht und Angela Merkel als die einflussreichste unter all diesen gilt.

§ 8 – Allgemeinbegriffe als Bausteine für Zusammensetzungen

Personenbezogene Allgemeinbegriffe sind für klare, leicht lesbare und verständliche zusammengesetzte Begriffe unerlässlich.

Beispiele

*Die **Patientenanwaltschaft** sorgt dafür, dass eventuelle Unzukömmlichkeiten bei der Behandlung von **Patienten** untersucht und beseitigt werden.*

*Jeder **Student** erhält als Nachweis seiner Zugehörigkeit zur Universität einen **Studentenausweis**.*

Nur weil „Student" als GENUS COMMUNE aufzufassen ist, kann eine einfache, unmissverständliche Zusammensetzung wie „Studentenausweis" gebildet werden. Denn gemäß dieser Sprachfunktion erhalten auch **Studentinnen** einen **Studenten**ausweis.

Als Gegenprobe möge der Begriff „Studentinnenausweis" geprüft werden. Es würde sich dabei um einen Ausweis handeln, der nur an Personen ausgegeben wird, die vom SEXUS her weiblich sind. Denn die Regel in § 5 weist jede „movierte Form", d. i. jede Wortform mit der Endung **-in**, ausschließlich dem weiblichen Geschlecht zu. Das gilt auch in Zusammensetzungen.

§ 9 – ZWEITE HAUPTREGEL

Alle Arten von Pronomen sind – abgesehen vom Spezialfall des PERSONALPRONOMENS (siehe § 3) – in ihrer Grundform Allgemeinbegriffe

Das betrifft Fragepronomen in gleicher Weise wie hinweisende Fürwörter (Demonstrativpronomen) oder bezügliche Fürwörter (Relativpronomen), ja sogar die unbestimmten Fürwörter (Indefinitpronomen). Wo immer verallgemeinernde Aussagen getroffen werden, gilt das GENUS der Grundform als GENUS COMMUNE.

Beispiele

Wer *ohne Schuld ist,* **der** *werfe den ersten Stein.*

Wem *dieser Gegenstand gehört,* **der** *soll sich bitte bei mir melden.*

Jeder, **der** *dazu in der Lage ist, möge mithelfen.*

Weh **dem, der** *lügt.*

Das konnte **keiner** *wissen.*

Hat **irgendjemand** *eine Antwort auf diese Frage?*

Niemand *hatte den Vorfall bemerkt..*

§ 10 – Fortführung personenbezogener Grundformen gemäß der Kongruenz

Auch in syntaktischen Fortführungen von Allgemeinaussagen aller Art bleibt die GENUS-Zuordnung erhalten. Das kann dazu führen, dass sogar die hinsichtlich ihres SEXUS sonst stets stabilen Personalpronomen **er** und **sie** im Rahmen der Anwendung für die grammatische KONGRUENZ (= Übereinstimmung in Geschlecht, Zahl und Fall) ihren privilegierten Status verlieren und nur noch als Platzhalter für ein GENUS COMMUNE fungieren.

Beispiele

Jede Person, **die** *sich in Gefahr begibt, ist für eventuelle Folgen selbst verantwortlich.* **Sie** *haftet auch für verursachte Schäden.*

Jedem *sollte klar sein, dass* **er** *sich bei Klettertouren in Gefahr begibt.*

Wem *das zu anstrengend ist,* **dem** *wird eine Aufstiegshilfe angeboten.*

Jeder *ist* **seines** *Glückes Schmied.*

Jemand, **der** *Hilfe benötigt, sollte sie auch erhalten.*

Niemand *möge behaupten,* **er** *habe nichts davon gewusst.*

Das Publikum *raste.* **Es** *war restlos begeistert.*

Man *sollte sich hüten, aus subjektiver Befindlichkeit heraus* **seine** *eigene Sprache zu zerstören.*

ANMERKUNG

Die ursprünglich wahrscheinlich als Scherzbildung gedachte Formulierung „**frau**" als feminines Pendant zu „**man**" sollte man im ernsthaften Sprachgebrauch tunlichst vermeiden. Dieses Wort hat nie existiert und musste auch nicht eigens erfunden werden, denn „**man**" ist ohnehin ein GENUS COMMUNE, schließt also unterschiedslos alle biologischen Geschlechter ein.

§ 11 – Funktionsbezeichnungen

Auch Funktionsbezeichnungen sind primär Allgemeinbegriffe. Das konkrete Geschlecht jener Person, die eine bestimmte ausgeschriebene Funktion
bekleiden soll, ist zunächst irrelevant, weil bewusst
offen bleibend. Funktionsbezeichnungen ohne
konkrete Geschlechtszuschreibungen sind also
GENUS COMMUNE.

Beispiele

*Der Posten **eines Leiters** der Rechnungsabteilung wird neu besetzt. Bewerbungen an ...*

***Fachkraft** für Rechnungswesen gesucht. **Sie**
sollte über folgende Kenntnisse verfügen:...*

*Am Gymnasium in Linz gelangt **die Planstelle
eines Administrators** zur Ausschreibung...*

Erst wenn die ausgeschriebenen Stellen mit
konkreten Personen besetzt sind, erfolgt ein
Wechsel vom GENUS COMMUNE zum GENUS
CONCRETUM:

*Die neue **Leiterin** der Rechnungsabteilung ist
Frau Pia Sommer. – ODER –
Der neue **Leiter** der Rechnungsabteilung ist **Herr**
Markus Röder.*

*Die **Planstelle des Administrators** wurde mit
Frau Kollegin Redl besetzt. Wir wünschen der
neuen **Administratorin** alles Gute.*

Die sprachlichen Gesetzmäßigkeiten lassen sich am besten an den beiden Sätzen aus dem letzten Beispiel nachvollziehen.

Warum ist im selben Zusammenhang einmal von einem **Administrator** und einmal von einer **Administratorin** die Rede? – Das Wort „**Administrator**" beschreibt die ausgeschriebene Funktion, ohne dabei ein bestimmtes biologisches Geschlecht vor Augen zu haben. – Für die Funktion ausgewählt wurde schließlich eine Frau; das klärt die Formulierung „**Frau Kollegin** Redl". Die Glückwünsche gelten nun dieser Dame als konkrete Person, daher die movierte Form „**Administratorin**".

Dass jeder, der mit der deutschen Sprache groß geworden ist, intuitiv bei Allgemeinbegriffen die richtigen Wortformen einsetzt, sei an einer speziell österreichischen Eigenheit nachgewiesen. In österreichischen Gymnasien werden die Lehrkräfte traditionell als „Professoren" bezeichnet. Daher verwendet jeder Gymnasiast oftmals pro Woche die Anredeformen „**Frau Professor**" oder „**Herr Professor**", je nachdem, ob er sich an eine Dame oder einen Herrn wendet.

Aber woher nehmen die Schüler die Selbstsicherheit der jeweils richtigen Anredeform? – Aus der intuitiv erworbenen Sprachrichtigkeit, denn „**Frau**" bzw. „**Herr**" benennen das Geschlecht, „**Professor**" benennt die Funktion bzw. den Berufstitel. Zu Recht spricht daher niemand eine weibliche Lehrperson als „Frau Professorin" an. Neben dem Faktum der Funktionsbezeichnung gibt es noch einen weiteren Grund dafür. Im Deutschen gilt die Verdoppelung einer Aussage (die sog. REDUNDANZ) als stilistisch falsch. So wie die Formulierung „ein kleiner Zwerg" redundant ist – ein Zwerg i s t *per definitionem* klein – wäre auch „Frau Professorin" redundant, denn eine Professorin i s t *per definitionem* eine Frau.

Die Gymnasiasten haben also Recht, wenn sie **Professorinnen** mit „**Frau Professor**" ansprechen.

Die hier beschriebenen Gesetzmäßigkeiten gelten auch für Bezeichnungen von politischen Funktionen, etwa **Bezirkshauptmann** oder **Landeshauptmann**: Eine **Landeshauptfrau** ist mit „**Frau Landeshauptmann**" anzusprechen.

Beim Österreichischen Bundesheer hat man die sprachlich korrekte Bezeichnung von Funktionen beachtet und verwendet richtigerweise den Dienstgrad „Hauptmann" auch für Frauen.

§ 12 – Berufsbezeichnungen

Für Berufsbezeichnungen gilt im Wesentlichen analog alles, was in § 11 für die Funktionsbezeichnungen festgestellt wurde. Für so gut wie jede Berufsgruppe stehen – eigens für die Damenwelt – sog. „movierte Formen" zur Verfügung (Bäckerin, Bäuerin, Köchin, Mechanikerin, Verkäuferin usw.).

Beispiel

*Frau Sommer hat eine **Bäcker**lehre absolviert und damit das **Bäcker**handwerk erlernt. Ob sie nachher **Bäckergeselle** bleiben will oder sich zum **Bäckermeister** qualifiziert, ist ihre eigene Entscheidung. – Nach bestandener Meisterprüfung darf sich Frau Sommer **Bäckermeisterin** nennen.*

Der einzige Unterschied zu den Funktionsbezeichnungen besteht darin, dass Berufsbezeichnungen üblicherweise nicht als Anredeformen verwendet werden.

ANMERKUNG

Bitte zu beachten, dass im Rahmen des obigen Beispiels der § 8 anzuwenden ist und daher der Allgemeinbegriff „Bäcker" als Baustein für Wortzusammensetzungen eingesetzt wird. Erst wenn eine konkrete weibliche Person ins Spiel kommt, kann die movierte Form „Bäckermeisterin" angewandt werden.

§ 13 – Die akademischen Grade Magister und Doktor

Zunächst ist festzuhalten, dass die beiden Wörter **Magister** und **Doktor** der lateinischen Sprache entnommen sind.

Neben *magister* (= Lehrmeister) existiert bereits im Lateinischen auch die Wortform *magistra* (= Lehrmeisterin). Hier gibt es also – ähnlich wie im Deutschen – eine eigene „movierte" Form für das Femininum.

Das Wort *doctor* (= Gelehrter) hingegen gehört im Lateinischen einer Deklinationsklasse an, die generell nur   e i n e   Form für alle Geschlechter kennt, ähnlich wie bei den deutschen Wörtern „Mensch" oder „Person". Es handelt sich dabei also um ein unveränderliches GENUS COMMUNE.

Für die Verwendung im Deutschen sollte gelten, dass die beiden Begriffe möglichst in gleicher Weise angewandt werden wie in der Herkunftssprache, aus der man die Wörter entliehen hat.

Der Gebrauch von „Magister" und „Magistra" erfolgt analog zu den Regelungen aus § 11. – Es wird also auch hier auf die REDUNDANZ, die Doppelnennung weiblicher sprachlicher Merkmale verzichtet; siehe dazu den letzten Satz in den Beispielen.

Beispiele

*Wer den akademischen Grad **Magister** erwerben will, muss ein Studienfach mit dem **Magister**ium abschließen.*

*Der **Magister**grad berechtigt dazu, den akademischen Grad „**Magistra**" oder „**Magister**" zu führen.*

41

*Frau Krenn ist **Magistra** der Pharmazie.*
***Frau Magister** Krenn arbeitet in einer Apotheke.*

ANMERKUNG

Der akademische Grad **Magistra** oder **Magister** wird in gleicher Weise mit **Mag.** abgekürzt. – Der Grund für die Gleichheit beider Abkürzungen ist evident: Das letzte Zeichen einer Abkürzung ist der Punkt. Dem ist nichts hinzuzufügen.

Der akademische Grad „**Doktor**" sollte sinnvollerweise auf diese eine Wortform beschränkt werden. Der Grund dafür wurde bereits zu Beginn dieses Paragraphen erwähnt.

Beispiel

***Frau Doktor** Maly und **Herr Doktor** Berger waren gestern die diensthabenden Ärzte.*

ANMERKUNGEN

1. Die neuere Begriffsbildung „Doktorin" (analog zu Professorin) hat sich nicht wirklich durchgesetzt. Ein Satz wie „Doktorin Maly und Doktor Berger hatten gestern Dienst" ist schwer vorstellbar.

2. Der akademische Grad „**Doktor**" wird mit **Dr.** abgekürzt. Aber auch jemand, der „Doktorin" als gleichberechtigte Wortform

neben „Doktor" einstuft, landet bei der Abkürzung trotzdem wieder bei **Dr.** – Der Grund für die Gleichheit beider Abkürzungen ist evident: Das letzte Zeichen einer Abkürzung ist der Punkt. Dem ist nichts hinzuzufügen.

§ 14 – Allgemeine Anredeformen versus persönliche Anrede

Bei Veranstaltungen aller Art – von Festreden bis zu Vorträgen – ist es üblich, die Anwesenden möglichst so zu begrüßen, dass sie sich als konkrete Personen angesprochen fühlen.

Neben den verallgemeinernden Begrüßungsformen wie

Liebe Festgäste!
Hochverehrtes Publikum!
Liebe Trauergemeinde!   u. Ä.

wurde und wird bis auf den heutigen Tag folgende Begrüßungsformel gewählt, weil sie persönlicher wirkt als jede Art der Allgemeinanrede:

Sehr geehrte Damen und Herren!

Diese Anredeform war durch viele Jahrzehnte als passende Anrede einzustufen, weil sie sowohl die weiblichen als auch die männlichen Teilnehmer direkt ansprach.

Seitdem aber gesetzlich verankert ist, dass ein drittes Geschlecht (mit der amtlichen Bezeichnung „divers") anzuerkennen sei, muss man sich im Klaren sein, dass die bisherige zweigeschlechtliche Anrede diskriminierend ist. So gesehen sollte einer Rückkehr zu verallgemeinernden Begrüßungsformeln der Vorzug gegeben werden.

ANMERKUNG

Es besteht Grund zur Annahme, dass die oben erwähnte getrenntgeschlechtliche Anredeform eine der Keimzellen für die gegen Ende des 20. Jahrhunderts entstandene feministische Forderung zur „sprachlichen Gleichbehandlung" gewesen sein könnte.

§ 15 — Seltene Generalisierungen im gehobenen Sprachgebrauch oder in fixen Wendungen

Einige wenige Wörter unserer Sprache werden heute von ihrer Bedeutung her eingeengter wahrgenommen, als dies in früheren Zeiten der Fall war.

Beispiele

*Was du ererbt von deinen **Vätern**... (Goethe)*

Im poetischen Zusammenhang bei Goethe ist evident, dass mit den **Vätern** generalisierend die **Vorfahren** gemeint sind.

*Alle Menschen werden **Brüder**... (Schiller)*

> Hier wird allein durch die Gleichsetzung von **Menschen** und **Brüdern** klar, dass das Wort **Brüder** selbstverständlich in der Bedeutung „**einander wie Geschwister nahestehend**" zu verstehen ist.

*Heimat, bist du großer **Söhne**... (Paula v. Preradović)*

> Diese Textzeile aus der österreichischen Bundeshymne wurde vor einiger Zeit zum politischen Zankapfel, weil offenbar die Deutschkenntnisse der Politiker von heute nicht mehr ausreichen, die Passage richtig zu interpretieren. – In absoluter Parallele zu Goethes „Vätern", mit denen die „Vorfahren" gemeint sind, verwendet Preradović das Wort „**Söhne**" für „**Nachkommen**".

Die gegenwärtige, offensichtlich eingeengtere Sprachverwendung berechtigt jedoch keineswegs zur Annahme, dass Formulierungen aus früheren Tagen falsch gewesen wären. Man darf weiterhin getrost annehmen, dass Goethe, Schiller und Paula von Preradović der deutschen Sprache mächtig waren. WIR sind es, die sie nicht mehr im Sinne der Tradition beherrschen – oder zumindest die Sprachtradition nicht mehr respektieren.

Ähnlich bestellt ist es mit **fixen Wendungen**, die immer schon generalisierend verwendet wurden, aber heute meist nicht mehr richtig interpretiert werden:

*Alle **Mann** an Bord! (Seemannssprache)*
***Mann** über Bord! (Seemannssprache)*

> Auch hier ist für den Sprachkundigen sonnenklar, dass mit **Mann** generalisierend der **Mensch** schlechthin gemeint ist. – Wer nur ein wenig in die Sprachgeschichte blickt und die Sprachverwandtschaften mit berücksichtigt, wird den Zusammenhang zwischen **Mensch**, **man** und **Mann** rasch verstehen. Man vergleiche nur mit *engl.* ***man*** für **Mensch**.

§ 16 – Nebenschauplatz: Der Unterschied zwischen Student und Studierendem

Die Wörter **Student** und **Studierender** haben eines gemeinsam: Beide sind **Allgemeinbegriffe**. Was sie jedoch trennt, ist ihre **unterschiedliche Wortbedeutung**.

Ein **Student** ist eine Person, die – nach Abschluss bestimmter Bildungsvoraussetzungen, z. B. Matura/Abitur – an einer Universität oder Hochschule eingeschrieben ist und einen bestimmten Studienabschluss anstrebt. Studenten können dies in der Regel durch einen entsprechenden Studentenausweis nachweisen. Sie sind und bleiben Studenten, auch wenn sie im Augenblick gerade gar nicht studieren, sondern z. B. an einem Strand die Sommersonne genießen.

Ein **Studierender** ist eine Person, die sich jetzt gerade gedanklich in eine bestimmte Materie vertieft. Das kann z. B. ein fünfjähriges Mädchen sein, das sich gerade intensiv mit einem Buch über Dinosaurier beschäftigt. Studierende haben es so an sich, dass man sie besser nicht stören sollte, weil sie dadurch ihr „Studium" unterbrechen müssten und im selben Augenblick keine Studierenden mehr wären.

Diese feinen Bedeutungsunterschiede lassen sich in gleicher Weise an vielen Parallelfällen nachweisen: Als **Leser** bezeichnet man einen Menschen, der regelmäßig ein bestimmtes Printmedium als Lektüre zur Hand nimmt. – Ein **Lesender** hingegen ist eine Person, die jetzt gerade mit einem Printmedium beschäftigt ist; auch ein Lesender will – wie ein Studierender – im Augenblick möglichst nicht gestört werden.
Als **Lehrer** bezeichnet man Personen mit nachzuweisenden speziellen Berufsqualifikationen. – Ein **Lehrender** kann aber auch z. B. ein Enkelsohn werden, wenn er seinem Opa gerade ein ihm nicht bekanntes Spiel beibringt.

Begriffspaare dieser Art sind also keineswegs beliebig gegeneinander austauschbar. Vielmehr müssen sie jeweils sachrichtig und entsprechend den Gesetzmäßigkeiten für Allgemeinbegriffe eingesetzt werden. Dass es einige wenige vom

Präsenspartizip abgeleitete Begriffe gibt, die einen Dauerzustand beschreiben (z. B. Suchender, Vorsitzender), ändert nichts an den sonstigen grundsätzlichen Gegebenheiten.

Resümee

Die hier in 16 Paragraphen dargestellten Grundzüge des Gebrauchs von Allgemeinbegriffen waren durch Jahrhunderte in dieser Form gültig. Sie wurden von der Allgemeinheit der Sprachverwender stillschweigend und selbstverständlich als sprachrichtig anerkannt.

Die empirische Forschung der Sprachwissenschaft hat die Gesetzmäßigkeiten in Form von GRAMMATIKEN nachvollziehbar dargestellt. Diese Grammatiken gaben jedem die Möglichkeit, im Zweifelsfall sprachrichtigen Gebrauch von sprachlich falschem zu unterscheiden. Und in keinem der Grammatikwerke, weder in der DUDEN-Grammatik noch im führenden Standardwerk von Harald Weinrich, „Textgrammatik der deutschen Sprache", ist vom „Gendern" eine Spur zu finden. Vielmehr bedienen sich beide Werke stets der verallgemeinernden Sprachformen genau so, wie es in dieser Zusammenstellung beschrieben wurde. Andererseits beweist das die bisherige Selbstverständlichkeit des Gebrauchs von Verallgemeinerungen. – Es war so sehr selbstverständlich, dass eine explizite Darstellung der Regeln unterblieb.

Diese allgemeine Anerkennung der Sprachstruktur ist Voraussetzung dafür, dass eine Sprache konfliktfrei funktioniert. Nur auf Basis dieser nicht in Frage gestellten Konstruktionsprinzipien der gemeinsamen Sprache ist es möglich, sich ihrer zu bedienen, um Konflikte auf anderen zwischenmenschlichen Ebenen klar zu benennen und möglichst auch lösen zu können.

Wird aber die Sprache selbst durch den Versuch regulierender Eingriffe zum Konfliktfeld gemacht, bedeutet dies das Ende problemloser zwischenmenschlicher Verständigung.

Genau dieser Status wurde durch die Eingriffe des Sprachfeminismus hergestellt. – Es gibt keine allgemeine Übereinstimmung mehr in der Frage, wie unsere Sprache richtig funktioniert.

Daher müssen die gezielt in Umlauf gesetzten Fehlannahmen des Sprachfeminismus aufgedeckt und beseitigt werden. Dasselbe gilt für die politischen Fehlentscheidungen auf diesem Gebiet.

Klarstellungen zum Genderdeutsch

- **Die fehlerhaften Grundannahmen des Sprachfeminismus und seine falschen Argumente**

- **Die gravierenden Fehlentscheidungen der Politik**

- **Das Schadensbild des Genderns in unserer Sprache**

- **Die Kollateralschäden des „Genderzwangs"**

Die fehlerhaften Grundannahmen des Sprachfeminismus und seine falschen Argumente

Vorbemerkung

Um keine Irrtümer aufkommen zu lassen, sei vorweg klargestellt:

Die Frauenrechtsbewegung mit ihrem Anliegen, die Gleichstellung von Mann und Frau im Berufsleben und in der Gesellschaft zu erkämpfen, hat in den vergangenen Jahrzehnten viel Positives durchgesetzt. Die Feministinnen sind ihrem Ziel deutlich näher gekommen, doch sie haben noch lange nicht alles erreicht, wofür es sich zu kämpfen lohnt. Man denke nur an die immer noch bestehende Ungleichbehandlung bei der beruflichen Karriere oder der Entlohnung. – Jeder Mensch mit Gerechtigkeitsempfinden und gesundem Menschenverstand sollte diese feministischen Zielsetzungen unterstützen.

Doch mit den gezielten Attacken der Sprachfeministinnen auf unsere Grammatik – Stichwort: *„Regelverstöße zu erfinden und deren Einhaltung einzufordern" (Luise Pusch)* – wurde eine rote Linie überschritten, bei der für die rücksichtslose Durchsetzung der feministischen Ziele sowohl der gesunde Menschenverstand als auch das Gerechtigkeitsempfinden auf der Strecke blieben. Zug um Zug wurde eine Attacke nach der anderen gegen die Sprache geritten – mit verhängnisvollen Fehlern und möglicherweise kaum wieder gutzumachenden Folgen. Hier nun die Attacken im Einzelnen:

Genderattacke 1
„Der Zweck heiligt die Mittel"

Mit der Selbstüberschätzung, man könne im Sinne der Maxime *Machiavellis* sogar die Sprache für eigene Zwecke manipulieren, hat die sprachfeministische Ideologie ihren ersten entscheidenden Fehler begangen. Mit allen verfügbaren Mitteln versuchte man der Öffentlichkeit einzureden, wie Sprache „geschlechtergerecht" funktioniere.

Was man dabei übersehen hat: Jede Sprache ist ein basisdemokratisches Gebilde. Sie ist durch stillschweigende Übereinkunft aller Sprachteilnehmer entstanden und funktioniert auch nur auf dieser Basis weiter. Das bedeutet, dass jeder den allgemein üblichen Sprachgebrauch als richtig anerkennt und sich auch selbst daran orientiert. Niemand greift regelnd ein, aber doch entwickelt sich die Sprache durch langsame, meist unmerkliche Veränderungen in verschiedenen Bereichen weiter.

Empirisch erstellte Grammatikwerke halten den Sprachstatus der Gegenwart deskriptiv fest. Das verleiht im Zweifelsfall Sicherheit in der Frage „Richtig?" oder „Falsch?" – Im Resümee auf S. 48 wurde dieser Sachverhalt bereits beschrieben.

Der Sprachfeminismus hingegen versucht mit allen Mitteln, die Sprache immer wieder durch den Erlass neuer, regelwidriger Vorschriften in seinem Sinn zu „verbiegen". Trotz aller Anstrengungen in den vergangenen Jahrzehnten ist es jedoch nicht im Entferntesten gelungen, den Sprachgebrauch der Allgemeinheit wunschgemäß zu verändern. Immer noch sind laut diverser Umfragen 60 bis 85 % der Sprachteilnehmer gegen die Gendersprache.

Trotz scheinbarer Erfolge – nämlich der Durchsetzung des sprachlichen Genderns auf dem Weg über behördliche „Vorschriften" bis in die Welt der Medien hinein – kämpft der Sprachfeminismus nach wie vor gegen den **Widerstand der Öffentlichkeit**. Dieser Widerstand speist sich aus der tradierten intuitiven Sprachkenntnis, dem sog. „Sprachnarrativ". Diesem Narrativ ist keine Ideologie gewachsen, auch nicht eine politisch verordnete. Es ist also keineswegs alles im Sinne *Machiavellis* „machbar"…

Genderattacke 2
Das „generische Maskulinum" als Feindbild in der Sprache

Als „Grund-Übel", das sich angeblich einer sprachlichen Gleichberechtigung in den Weg stelle, wird das sog. „generische Maskulinum" festgemacht.

Dieser Begriff wurde ausschließlich dafür geschaffen, um die Sprache aus der Genderperspektive kritisieren zu können. Schon die Begriffsbildung selbst legt offen, auf welch tönernen Füßen die gesamte seltsame Behauptung steht.

- Als „**Maskulinum**" wird in der Grammatik jedes Wort der Deklinationsklasse 1 mit dem Leitwort „der" bezeichnet (vgl. § 1 auf Seite 22). „Maskulinum" bezeichnet also ein bestimmtes grammatisches Geschlecht.

- Das Wort „**generisch**" ist eine Ableitung von „genus", das, wie ebenfalls bereits geklärt ist, „Geschlecht" bedeutet, aber wohlgemerkt, ausschließlich „grammatisches Geschlecht". Die Wortbedeutung von „generisch" ist also „das grammatische Geschlecht betreffend".

Ins Deutsche übersetzt heißt der Gesamtbegriff „generisches Maskulinum" somit „das – das grammatische Geschlecht betreffende – maskuline grammatische Geschlecht". – Ein sprachlicher Unsinn!

(Da ist es nun schon fast egal, dass man diesen missglückten Begriff auch noch falsch auszusprechen pflegt. Das Wort „génus" heißt im Genitiv „géneris", und nicht „genéris". Daher ist die Aussprache „genérisch" falsch.)

Doch jetzt geht die Sache erst so richtig los: Wörter mit dem GENUS „Maskulinum" gibt es in unserer Sprache sonder Zahl, so z. B.

- als KONKRETA wie „der Baum, der Mond, der Tisch" …

- als ABSTRAKTA wie „der Termin, der Monat, der Bedarf"… oder auch

- als PERSONENBEZOGENE ALLGEMEIN-
  BEGRIFFE wie „der Mensch, der Bürger,
  der Italiener, der Student"... und weiters
- als KONKRETE PERSONENBEZOGENE
  MASKULINA wie „der Vater, der Bruder"...

Aus diesen **vier** Kategorien mit ihren insgesamt
vielen Hunderten von Wörtern wird willkürlich nur
eine, nämlich die Kategorie der personenbezogenen Allgemeinbegriffe zum feministischen
Feindbild namens „generisches Maskulinum" erklärt, und selbst da wiederum nur jene Untergruppe von Wörtern, die der Damenwelt eine
spezielle „movierte Form" ermöglicht (also
„Bürgerin, Italienerin" usw..).

Denn es gibt, das muss ausdrücklich klargestellt
werden, eine große Zahl personenbezogener mas-
kuliner Allgemeinbegriffe, die vom Sprachfeminismus nicht verfemt werden: Wörter wie „der
Mensch, der Laie, der Star" bleiben von der feministischen Inquisition verschont, weil es zu diesen
keine „movierten Formen" gibt.

Noch ein weiteres Faktum ist in diesem Zusammenhang anzuführen: Es gibt zwar Hunderte von
maskulinen Allgemeinbegriffen, die der Damenwelt
eine eigene, spezielle (= movierte) Form zur
Verfügung stellen, aber keinen einzigen femininen
Allgemeinbegriff, der Analoges für die Männerwelt
bereithält. Wer sich auf die Suche macht, stößt auf
Wörter wie „die Person, die Fachkraft, die Lehr-

kraft, die Leitfigur, die Geisel, die Leiche, die Majestät" usw. Aber keines lässt sich in Richtung Maskulinum „movieren". – Wo bleibt denn da die sprachliche Gleichbehandlung?

Die „Schuldzuweisung" an die Sprache, die Damenwelt werde benachteiligt, erweist sich als falsch, denn das Gegenteil ist der Fall: Nur die Damenwelt verfügt bei vielen Wörtern über eine spezielle Form mit konkreter Geschlechtsbedeutung, die Männerwelt hingegen nicht.

Auch der Begründungszusammenhang, warum innerhalb von vier maskulinen Wortkategorien ausgerechnet e i n e Untergruppe „böse" bzw. „verfolgenswert" sein sollte, bleibt schleierhaft.

Genderattacke 3

Frauen sind beim „generischen Maskulinum" nur „mitgemeint"

Diese – fast möchte man sagen, boshafte – Fehlinterpretation der Faktenlage wurde bereits im ersten Teil unter § 1 entkräftet: Bei jedem personenbezogenen Allgemeinbegriff sind **alle biologischen Geschlechter** „mitgemeint", gleichgültig, ob „die Menschen", „die Personen" oder „die Kinder" angesprochen werden, immer sind alle Geschlechter zugleich gemeint, also ist j e d e s nur „mitgemeint".

Die anscheinend gekränkte weibliche Seele, die sich zweitrangig hinter der Männerwelt als nur

„mitgemeint" erlebt, ist leider dem üblen Trick einer falschen Sachverhaltsdarstellung aufgesessen. Für Selbstmitleid gibt es in der Sprache keinerlei Anlass.

Genderattacke 4

Frauen müssen in der Sprache „sichtbar" gemacht werden

Es ist nicht Aufgabe einer Sprache, ideologisch motivierten Forderungen nach einer Änderung des Sprachgebrauchs nachzugeben. In personenbezogenen Allgemeinbegriffen sind a l l e Menschen gleich „sichtbar" oder „unsichtbar".

Man kann mit Hilfe der Sprache für jedes Anliegen kämpfen, also auch für die Gender-Ideologie. Das ist durchaus legitim, denn dafür ist die Sprache da. Aber keine wie immer geartete Ideologie hat das Recht, **regelnd** in die Sprache einzugreifen und somit die Sprache selbst zum Kampfplatz zwischen den Geschlechtern zu machen.

Die Sprache hat keine andere Aufgabe zu erfüllen als konfliktfrei zu funktionieren. Und das kann sie nur – siehe oben bei Genderattacke 1 – durch stillschweigende Einmütigkeit der Sprachteilnehmer, aber niemals durch präskriptive Maßnahmen.

Genderattacke 5

Sprache verändert sich eben, und das sprachliche Gendern i s t so eine Veränderung

Auch diese „Begründung", mit der die sprachlichen „Veränderungen" gerechtfertigt werden sollen, zählt zu den üblen Tricks der Gender-Ideologie.

Wenn „sich etwas verändert" in unserer Sprache, dann geschieht dies ohne willentliches Zutun irgendwelcher Personen. Wenn hingegen neue Sprachregeln eingeführt werden, dann erfolgt eine willentliche, um nicht zu sagen mutwillige Änderung. Der Wille einer Minderheit soll der Mehrheit aufgezwungen werden.

Es handelt sich beim sprachlichen Gendern keineswegs um Entwicklungen, die sich von selbst ergeben haben, sondern um diktatorisch verfügte Zwangsmaßnahmen.

Der Widerstand der Öffentlichkeit erklärt sich einerseits daraus, dass die Zwangsmaßnahmen dem intuitiven tradierten Sprachgefühl widersprechen, andererseits daraus, dass diktatorische Maßnahmen in einer Demokratie prinzipiell inakzeptabel sind.

Es zeigt sich einmal mehr: Sprache darf von niemandem geregelt werden, sie muss sich selbst regulieren dürfen, um von allen Sprachteilnehmern akzeptiert zu werden und auf diese Weise funktionsfähig zu bleiben.

Genderattacke 6

Die Doppelnennung personenbezogener Wörter

Der Genderkampf in der Sprache hat dazu geführt, dass – zur vermeintlichen Beruhigung der Gemüter – Personenbegriffe vorwiegend sowohl in weiblicher als auch in männlicher Form genannt werden sollen. So hört man etwa in der mündlichen Berichterstattung Sätze wie

> *„Den Ärztinnen und Ärzten bleibt zu wenig Zeit, sich um die einzelnen Patientinnen und Patienten zu kümmern."*

Diese Unsitte hat zwei Schönheitsfehler:

- Die Sätze werden umständlicher, langatmiger und unverständlicher.
- Die zweigeschlechtlichen Formulierungen sind **diskriminierend**. Sie grenzen definitiv das – mittlerweile rechtlich anerkannte – dritte Geschlecht (= „divers") aus.

Beide Schönheitsfehler hat die sprachrichtige Formulierung nicht:

> *„Den Ärzten bleibt zu wenig Zeit, sich um die einzelnen Patienten zu kümmern."*

Einerseits erfrischend kurz und leicht verständlich, andererseits keines der drei Geschlechter ausgrenzend!

Genderattacke 7

Man soll möglichst auf „geschlechtsneutrale Begriffe" ausweichen

Angesichts dieser Aufforderung des Sprachfeminismus ergibt sich als erstes Problem, dass unsere Sprache keine „geschlechtsneutralen" Wörter kennt. Jeder personenbezogene Begriff hat irgendein grammatisches Geschlecht, keines ist geschlechtslos, also ohne GENUS. Dasselbe gilt für die konkreten Personen, die mit diesen Wörtern gemeint sind: Kein Mensch ist geschlechtslos, also ohne SEXUS. Der Begriff „geschlechtsneutral" ist also (ähnlich dem „generischen Maskulinum") eine geistige Missgeburt.

Verfolgt man näher, was mit diesem Unwort gemeint sein soll, stellt sich heraus, dass es um Wörter geht, die weder das grammatische noch das natürliche Geschlecht erkennen lassen, also z. B. *„der/die Bedienstete", „der/die Angestellte".* – Das nächste Problem tut sich auf: Es gibt nur sehr wenige Wörter dieser Art. Als weitere Beispiele wären etwa *„der/die Reisende"* oder *„der/die Wohlhabende"* anzuführen. Von solchen Wörtern ausgehend, hat der menschliche Erfindergeist inzwischen neue Wortschöpfungen hervorgebracht:

„Radfahrende" oder *„Fußgehende"*

Schauderhafte, gekünstelte Begriffe!

Nun war es auch nicht mehr weit zu den *„Studierenden".* Im Paragraph 16 auf Seite 46 wurde aufgezeigt, dass diese Wörter nun meistens in falscher Sprachverwendung eingesetzt werden.

Die gezielten Attacken durch künstlich geschaffene Gender-Baustellen reißen immer tiefere Löcher in unsere Sprache.

Genderattacke 8

Ist eine Aussage in einfacher Form nicht gendergerecht, dann muss sie umformuliert werden

Um die Folgen dieser Forderung einschätzen zu können, ziehen wir nochmals Beispiele aus den §§ 6-7 (Seite 32 f.) heran:

Weil der Satz

> *„Unter den sieben teilnehmenden Künstlern waren vier Frauen"*

angeblich nicht gendergerecht ist (Frauen sind ja keine Künstler, sondern gemäß der Genderideologie ausnahmslos Künstlerinnen!) muss umformuliert werden, z. B. *„Vier Künstlerinnen nahmen daran teil, die anderen drei waren Männer."* Dass der Satz jetzt andersherum fehlerhaft ist, stört Genderbeflissene nicht...

Auch der Satz *„Angela Merkel war viele Jahre der einflussreichste Politiker Europas"* ist ungegendert und daher mangelhaft. Also, umformulieren! – Aber wie? Der geneigte Leser versuche es selbst! – Es geht nicht.

Wer sich nicht der Kritik des Sprachfeminismus aussetzen will, muss in Kauf nehmen, dass seine Gedanken hauptsächlich dem Gendern zu dienen haben. Der Wiener Mathematiker, Univ.-Prof. Dr. Rudolf Taschner hat es mit kritischen Worten ungefähr so auf den Punkt gebracht: „Was in der Seminararbeit eines Studenten steht, spielt kaum mehr eine Rolle, Hauptsache es wurde richtig gegendert."

Der Sprachfeminismus greift in allen möglichen Lebensbereichen zur Machtübernahme...

Genderattacke 9

Die Schreibweise von Wörtern wird nach Gendervorstellungen gestaltet

Um immer und überall das sprachliche Gendern „sichtbar" zu machen, werden neue Schreibweisen eingeführt. Der Phantasie der Schöpfer einer neuen Schreibwelt scheinen offenbar keine Grenzen gesetzt. Einfache „Schüler" werden zu

- o Schüler/innen,
- o Schüler:innen,
- o SchülerInnen oder gar
- o Schüler_innen
- o Schüler*innen
- o Schülerx

Dass die männlichen Schüler hier jeweils mit einem ästhetisch wenig ansprechenden Fortsatz durch die Sprachwelt gehen, scheint ebenso wenig zu stören wie die Tatsache, dass sich die Damenwelt bei solchen Schreibweisen erst recht als bloßes Anhängsel an die ungeliebte Männerwelt wiederfindet.

Doch damit noch immer nicht genug, diese seltsamen Schreibweisen werden auch auf Wörter ausgedehnt, bei denen der männliche Wortteil nur noch verstümmelt aufscheint:

- Kolleg:innen
- Kund/innen usw.

Bitte, wer oder was ist ein „Kolleg"? Wer oder was ist ein „Kund"?

Sogar Wortverstümmelungen werden in Kauf genommen, wenn nur ordentlich gegendert wird. Die Demontage unserer schönen tradierten Sprache mit ihrer optimalen Funktionalität schreitet mehr und mehr voran.

Genderattacke 10

Die Sprechweise von Wörtern wird den Genderwünschen angepasst

Um im Bereich der Funkmedien das Gendern auch in der gesprochenen Sprache umsetzen zu können, hat man sich Gedanken gemacht, wie ein Binnen-I bzw. ein Binnen-Doppelpunkt hörbar zu machen sei. Der Stein der Weisen lag im sog. „Glottisschlag", einer mitten in einem Wort künstlich eingezogenen Sprechpause. – Fernsehmoderatoren gefallen sich mittlerweile in der Rolle, eine Sprachstörung namens „Schluckauf-Sprache" oder „Stammel-Deutsch" öffentlich zur Schau zu stellen bzw. zu Gehör zu bringen. Sie bemerken die Peinlichkeit dieser sprachlichen Monstrositäten gar nicht mehr...

Dass es solche Sprech- und Schreibweisen in der tradierten deutschen Sprache nicht gibt und niemals gab, muss wohl nicht mehr eigens erwähnt werden.

Genderattacke 11

Auch Pronomen bleiben nicht vor der „Vergenderung" verschont

Die Abschaffung personenbezogener Allgemeinbegriffe macht auch vor den Pronomen nicht Halt. Dabei wird ein weiteres Sprachgesetz einfach über Bord geworfen, das Gesetz von der KONGRUENZ. Es besagt, dass Satzglieder, die sich auf ein anderes, vorher genanntes beziehen, in Geschlecht, Zahl und Fall übereinstimmen müssen (siehe § 10, Seite 35). Auch diese Regel wird nun nicht mehr eingehalten, weil eben willkürlich inszenierte Genderregeln offenbar immer Vorrang haben.

Dementsprechend werden auch Sätze mit Pronominalbezügen entstellt:

> *Wer das nicht verstanden hat, **die/der** kann gerne nachfragen.*

> *Wem nicht zu raten ist, **der/dem** ist nicht zu helfen.*

Grammatisch richtig wäre einzig und allein der maskuline Sprachbezug, weil die Fragepronomen „wer" und „wem" vom GENUS her jeweils Maskulina im Sinne eines GENUS COMMUNE sind.

Der Sprachzirkus ist aber noch nicht zu Ende. Die Weigerung, sich an die gültige Grammatik zu halten, betrifft auch bereits die Grundformen, was zu äußerst seltsamen Satzgebilden führt:

*Weh **der/dem, die/der** lügt.* – Frage: Wer will so ein Theaterstück noch sehen?

***Jede/r** ist **ihres/seines** Glückes Schmied.* – Frage: Wer will solche Sprichwörter noch verwenden?

Jede/r, die/der das liest, zweifelt daran, ob ihr/sein Hirn noch einwandfrei arbeitet.

Das Bedauerlichste in diesem Zusammenhang ist, dass Sprachentstellungen solcher Art auch in Schulbüchern Einzug gefunden haben, besser gesagt, per ministeriellem Erlass Einzug finden mussten (siehe „Politischer Fehler 7", Seite 76 f.).

So werden Kinder (!) bereits in Schulbüchern mit sprachlichen Entgleisungen folgender Art drangsaliert:

> *Eine/r verbindet der/dem anderen die Augen, nimmt sie/ihn an der Hand, geht mit ihr/ihm durch die Klasse und führt sie/ihn wieder zu ihrem/seinem Platz.*

Lesen kann das keiner mehr, verstehen schon gar nicht. Hauptsache, überall ist „korrekt" gegendert. – Ist das alles noch normal?

Bedenkt man, dass die Schule ohnehin schon mit Problemen beim Vermitteln der Lesefähigkeit zu kämpfen hat und dass die Zahl nicht-deutschsprachiger Kinder jährlich ansteigt, dann muss man diese behördlichen Maßnahmen als grob fahrlässig, wenn nicht gar als absolut unverantwortlich bezeichnen.

Genderattacke 12

Auch „man" und „frau" sollen gleichberechtigt sein

Das Feindbild „man" und seine ursprünglich sicher scherzhaft gemeinte „Alternative", nämlich das kleingeschriebene „frau", waren schon in § 10 (Seite 35 f.) Gegenstand der Betrachtungen.

Dass bei der feministischen Forderung, die beiden Wörter gleichberechtigt zu verwenden, nur purer Unsinn herauskommt, möge das folgende Sprichwort belegen, das genderwunschgemäß in zwei Varianten präsentiert wird:

*Was du nicht willst, dass **man** dir tu, das füg auch **keinem andern** zu.*

*Was du nicht willst, dass **frau** dir tu, das füg auch **keiner andern** zu.*

Wo es hier hakt, kann wohl jeder Mensch mit eigenem Denkvermögen schnell ermitteln... – Die Gendersprache ist und bleibt eine fehlerhafte Sprache!

Genderattacke 13

„Movierte" Formen werden gleichberechtigt wie maskuline Allgemeinbegriffe behandelt

Der vorläufig letzte Schrei in diesem Sturm der gezielten sprachlichen Fehlentwicklungen ist die Verwendung weiblicher Wortformen als Allgemeinbegriffe. Schließlich geht es ja um die konsequente „Gleichberechtigung" in der Sprache.

So kann man derzeit bereits Texte folgender Art zu lesen bekommen:

> *„Über diese Frage debattierten viele Experten: Polizistinnen, Wissenschaftler, Anwältinnen und Richter..."*

Man wechselt einfach ab – das ist doch praktisch. Dass es sprachlich falsch ist, weil § 5 (Seite 30 ff.) ganz klar die movierten Formen ausschließlich als feminine Wortbedeutungen ausweist, stört feministische Kämpfernaturen nicht im Geringsten.

Oftmals geht man mittlerweile sogar noch einen Schritt weiter: Man verwendet ungeniert movierte Formen so, als wären sie ebenso Allgemeinbegriffe wie die Grundformen. - Mit der Sprache kann man ja machen, was man will...

Gendergerechtheit hat längst Vorrang vor Sprachrichtigkeit, und auch auf das Diskriminierungsproblem kann keine Rücksicht genommen werden! Das dritte Geschlecht kommt nämlich in der Genderideologie nicht vor.

In der althergebrachten Sprache hingegen sind stets a l l e Menschen inkludiert. Auch das dritte Geschlecht ist mit dabei und gleichberechtigt willkommen.

Genderattacke 14

Die Teilnahme der Medien am inszenierten „Genderzirkus"

Dass sich auch die Medien seit einiger Zeit dem Druck des Sprachfeminismus gebeugt haben, ist befremdlich und beschämend. Lange Zeit hatten zumindest die anspruchsvolleren Medien dem künstlich erzeugten Zeitgeist getrotzt. Jetzt tanzen auch diese brav im „Genderzirkus" mit und verbreiten am laufenden Band einen falschen Sprachgebrauch – in der irrigen Annahme, die Sprache habe sich eben geändert.

Der Vollständigkeit halber muss erwähnt werden, dass mittlerweile auch so manche Religionsgemeinschaft den Unfug des Genderns mitmacht. Steter Tropfen höhlt eben jeden Stein...

Das alles geschieht – wohlgemerkt – nicht nur gegen die Gesetzmäßigkeiten unserer Sprache, sondern auch gegen den Willen der Mehrheit. – Es ist nicht zu fassen.

Die gravierenden Fehlentscheidungen der Politik

(am Beispiel der Entwicklungen in Österreich)

Politischer Fehler 1

Der Freibrief für die Umgestaltung unserer Sprache nach feministischen Vorstellungen

Es lässt sich für Außenstehende nur schwer rekonstruieren, wann es genau passiert ist. Irgendwann Anfang der 1990er Jahre muss es gewesen sein, dass durch die Unfähigkeit der Politik, an der Situation der Frau in Beruf und Gesellschaft Entscheidendes zu verbessern, bei den Kämpferinnen für die Frauenrechte die Grenzen der Geduld erreicht waren.

Damals begann es, dass die Politik die eine oder andere Schleuse öffnete, um die Lage zu beruhigen. Es wurden an allen möglichen Universitäten Lehrstühle für „Gender Mainstreaming" gegründet und mit Frauen besetzt, ebenso Lehrstühle für „Feministische Linguistik", natürlich auch mit Frauen besetzt. Kann man die erste der neuen Wissenschaftsdisziplinen noch als Forschungsgebiet gelten lassen, weil hier empirisch Daten und Fakten gesammelt und dokumentiert werden können, so ist die zweite Disziplin pure Ideologie – eine Kampf-arena, in der es darum geht, gegen die herrschende – vorgeblich männerdominierte – Sprache vorzu-gehen. Die „Feministische Linguistik" war es, die es sich zur Aufgabe machte, all jene Regelverstöße zu erfinden, die im vorhergehenden Teil als „Gender-attacken" benannt, analysiert und widerlegt werden konnten.

Der gravierendste Fehler der Politik war damit in die Welt gesetzt, nämlich die Sprache zum Schlachtfeld zwischen ihrer althergebrachten Er-scheinungsform und einer neuen, von Frauen nach deren Ideologie geforderten „geschlechtergerechten Sprache" zu machen.

Das Fatale daran war, dass die Politik mit ihren begreiflicherweise bescheidenen Kenntnissen lin-guistischer Sachverhalte eventuell sogar im guten Glauben gehandelt hatte. Sie wollte wohl mit den Lehrstühlen für „Feministische Linguistik" den Gleichbehandlungsbestrebungen der Frauen einen Dienst erweisen. Eine absolute Fehlannahme, denn die gewaltsame Verbiegung der Sprache führt keinen Millimeter in Richtung faktischer Gleich-behandlung, sie führt nur die Sprache in das Chaos der Unbrauchbarkeit.

Die Politik trägt die Verantwortung dafür, dass die Zerstörung der Grundstruktur der Sprache sogar noch vom Steuerzahler finanziert wird. Ein unerträglicher Gedanke.

Politischer Fehler 2

Einführung des „sprachlichen Genderns" ohne Beiziehung von Experten

Während es heute selbstverständlich ist, für heikle politische Weichenstellungen Experten zu Rate zu ziehen (z. B. Pandemie, Energiekrise...), erfolgte die Freigabe für die Hetzjagd gegen die Sprache offenbar nur aus politischem Kalkül.

Niemand hat einen „Weisenrat von Linguisten" zusammengerufen, um die Frage zu klären, ob es überhaupt sinnvoll und rechtens ist, die Sprache nach Genderwünschen zu „reformieren". (Experten hätten dringend abgeraten; siehe Resümee S. 48)

Von der germanistischen Fachwelt wurde diese Entwicklung, die sich still und leise anbahnte, regelrecht verschlafen. Nur punktuell machte da und dort der eine oder andere Sprachexperte auf die sich abzeichnenden Probleme des Genderns aufmerksam, jedoch ohne damit eine nennenswerte Wirkung zu erzielen.

Ein Entwicklungsverlauf, der sich rächen sollte.

Politischer Fehler 3

Erweiterung der Gleichbehandlungsgesetze um die Verordnung sprachlicher Gleichbehandlung

Die Gleichbehandlungsgesetze versuchten ursprünglich, eine Ungleichbehandlung von Frauen und Männern bei der Besetzung wichtiger bzw. besonders lukrativer Posten per Gesetz zu untersagen. So weit, so verständlich und wünschenswert.

Als man allerdings auf die unselige Idee verfiel, dieses Gesetz um einen Passus zur „sprachlichen Gleichbehandlung" zu ergänzen, wurde gleichsam amtlich bescheinigt, dass personenbezogene Allgemeinbegriffe abgeschafft sind: In Stellenausschreibungen musste von da an „gegendert" werden , d. h., weibliche und männliche Stellenbezeichnungen waren gesondert anzuführen, z. B.:

„Taxilenker/Taxilenkerin gesucht".

(Das „diverse" Geschlecht war damals noch nicht gesetzlich anerkannt.)

Man muss an dieser Stelle die Dinge klar beim Namen nennen: Mit diesem Schritt war ein politisch gelenkter, staatlicher Eingriff in die Gesetzmäßigkeiten unserer Sprache erfolgt.

Zwei Fragen bleiben allerdings dabei ungelöst:

- Wie kommt es, dass der Staat eine kämpferische Minderheit vorbehaltlos unterstützt und ihr sogar das Recht zubilligt, die Sprache nach Gutdünken zu verändern?

- Woher nimmt die Politik das Recht, ihre Kompetenzen so maßlos zu überschreiten? – Sprache darf nicht verordnet werden, sie reguliert sich selbst.

Politischer Fehler 4

Zahllose „Leitfäden zum geschlechter-
gerechten Formulieren" werden erstellt

Jede Universität, jede Hochschule, aber auch andere öffentliche Stellen (z. B. Magistrate) bilden (um gutes Steuergeld!) Arbeitskreise zur Erstellung von „Leitfäden für das geschlechtergerechte Formulieren". Jeder dieser Leitfäden offeriert Lösungsvorschläge, aber jeder ein bisschen andere. Was alle Leitfäden gemeinsam haben: Sie wurden nicht von den Fachleuten für Deutsch erstellt (Linguisten, Germanisten), sondern von Sprachfeministinnen, die zwar Kampfgeist mitbrachten, aber offensichtlich keine tieferen Kenntnisse über die komplexe Struktur unserer Sprache.

Politischer Fehler 5

Alle Texte im Einflussbereich der
öffentlichen Verwaltung müssen
„gegendert" werden

Nach Fertigstellung der unzähligen „Leitfäden zur geschlechtergerechten Sprache" folgte als logische Konsequenz, das „Gendern" überall im öffentlichen Dienst in den Rang einer Dienstpflicht zu erheben.

Das galt nun nicht nur für die öffentlich Bediensteten, sondern auch für alle, die unter Kuratel der Bildungsinstitutionen stehen, also Schüler und Studenten. Sie wurden unter Androhung von

Sanktionen in die Pflicht genommen: Wer nicht auftragsgemäß „gendert", wird in der Benotung (z. B. seiner Diplomarbeit) abgestuft. Die freie Entfaltung der eigenen Gedanken wird durch das Korsett der „Gendersprache" systematisch behindert. (Siehe Seite 63.)

Das Gendern hat sich somit zu einer Art „Zwangsarbeit" entwickelt, zu der die Menschen verurteilt wurden. Mitten in der freien Welt einer westlichen Demokratie gibt es wieder „Zwangslager" – diesmal nur nicht in Form von physischer, sondern von psychischer Gefangenschaft.

Politischer Fehler 6

Genderbeauftragte werden eingesetzt, die über die Einhaltung der Genderregeln zu wachen haben

Im öffentlichen Dienst werden neue Funktionen vergeben, nämlich sog. „Genderbeauftragte". Sie haben die Weisung, über die gendergerechte Korrektheit aller Schriftstücke innerhalb einer Dienststelle zu sorgen. Das hat in manchen Magistratsbehörden dazu geführt, dass „Genderbeauftragte" vom normalen Dienst freigestellt wurden und nur noch die Aufgabe der „Sprachzensur" zu erfüllen hatten. – Unglaublich, aber wahr!

Die zur Zwangsarbeit des „Genderns" Verurteilten werden beaufsichtigt und bei Verstößen mit Strafen belegt. Man ist an Umerziehungslager erinnert, wie sie in diktatorischen Systemen praktiziert werden...

Politischer Fehler 7

Das Bildungsministerium verpflichtet zur Verwendung einer „Gendersprache", die in keiner Grammatik zu finden ist

Das Bildungsministerium, das eigentlich dazu verpflichtet ist, für die ordnungsgemäße Bildung zu sorgen – vor allem in der Sprache Deutsch, die ja als „Staatssprache" in der österreichischen Bundesverfassung verankert ist, verfügt g e g e n alle vorhandenen Grammatiken, dass Deutsch in gegenderter Form zu verwenden sei.

Gleichzeitig wird festgelegt, dass nur noch Schulbücher für den Unterricht zugelassen sind, in denen „ordnungsgemäß" gegendert wird.

Die Ungeheuerlichkeit sei hier im Detail aufgelistet: Jeder Schüler wird jährlich durch eine entsprechende Zeugnisnote dahingehend beurteilt, in welchem Grad er die deutsche Sprache beherrscht. Was in der deutschen Sprache und in der Rechtschreibung richtig ist, kann aber nicht ein Minister bestimmen, vielmehr ist das in den Grammatikwerken bzw. im „Amtlichen Regelwerk für die deutsche Rechtschreibung" festgeschrieben. In beiden Werken ist aber bislang vom „Gendern" nichts zu finden. Trotzdem wird das Gendern für Schüler und in Schulbüchern verpflichtend vorgeschrieben.

Ein offensichtlicher Rechtsbruch, der aber trotzdem eisern durchgezogen wird. Selbst Interventionen bei den diversen Bildungsministern der letzten Jahre blieben erfolglos.

Politischer Fehler 8

Das für die Regelung des Schriftverkehrs zuständige Normenkomitee wird statutenwidrig aufgelöst

Als im Österreichischen Normungsinstitut das Normenkomitee für den Schriftverkehr Ende 2014 sinnvolle, mit den Gesetzmäßigkeiten der Sprache vereinbare Regelvorschläge für das „Gendern" ausgearbeitet und einstimmig verabschiedet hatte, löste das Institut – entgegen allen in seinen Statuten festgelegten Regelungen – kurzerhand das Komitee auf, statt statutengemäß die neue Norm zu veröffentlichen.

Weder ein Einspruch bei den Vorstandsmitgliedern des Instituts noch eine Beschwerde bei der Aufsichtsbehörde, dem Wirtschaftsministerium, zeigten Wirkung. Die Norm ist und bleibt seit 2015 unveröffentlicht, das Komitee ist und bleibt zwangsweise aufgelöst. – Die Politik stellt sich taub und unternimmt nichts!

Politischer Fehler 9

Die Initiative „Rückkehr zur sprachlichen Normalität" wird von der Politik ignoriert

Ein offener Brief, der im Jahr 2015 veröffentlicht und von vielen namhaften Germanisten, Linguisten und Universitätsprofessoren verschiedener Fachrichtungen unterzeichnet wurde, fand zwar einiges

Medienecho, wurde aber von der Politik ignoriert. Auch die in der Folge monatelang anhaltenden bekräftigenden Leserreaktionen in verschiedenen Medien führten zu keinem Umdenken in der Politik.

Nicht einmal die zahlreichen damals von diversen Tageszeitungen durchgeführten Meinungsumfragen, die alle klar gegen das „Gendern" ausfielen, änderten an der politischen Marschrichtung irgendetwas.

Politischer Fehler 10

Ein Erkenntnis der Volksanwaltschaft gegen das „Gendern" bleibt ohne Folgen

Die Volksanwaltschaft kam 2017 nach eingehender Prüfung der Sachlage zur Auffassung, dass die staatlich verordnete „Genderpflicht" juristisch anzuzweifeln sei. Sie setzte daher diesen Punkt auf die sog. „Missstandsliste". Das Parlament ist *ex lege* dazu verpflichtet, die dort dokumentierten Missstände innerhalb einer angemessenen Frist zu behandeln.

Geschehen ist jedoch nichts, absolut gar nichts, denn die politischen Parteien waren damals – wie fast immer – mit sich selbst und dem üblichen Hick-Hack gegeneinander beschäftigt. Nach den Neuwahlen war dann alles anders – und alles Frühere sowieso vergessen...

Politischer Fehler 11

Obwohl sich Politiker und Medienleute laufend sprachlich blamieren, halten sie an der „Gendermarschrichtung" fest

In so gut wie jeder Fernseh- oder Radiosendung, stellen sich Politiker und/oder Nachrichten-sprecher mit ihrer gendergetreuen Linie selbst bloß.

Da wird z. B. von „Mitgliederinnen und Mitglie-dern" gesprochen, ja sogar das Wort „Kinderin-nen" wurde bereits allen Ernstes präsentiert. Auch der Zwang zur ständigen Doppelnennung oder zur „Schluckaufpause" innerhalb von Wörtern wird zwar eifrig zelebriert, aber kaum jemals im weiteren Zusammenhang konsequent durchgehal-ten. Kommen Personenbegriffe in Texten mehrfach hintereinander vor, wird nach kurzer „Gender-demonstration" wieder auf „Normaldeutsch" ge-wechselt.

Kein Wunder, denn „Normaldeutsch" kann man beim Sprechen locker durchhalten, „Gender-deutsch" hingegen nicht.

Dass Politiker und Moderatoren sogar bereit sind, sich permanent Blößen zu geben, nur um als „linientreu" wahrgenommen zu werden, lässt tief blicken. – Wie schlimm muss es da wohl bereits um die interne Indoktrination stehen, wenn sogar die eigene Blamage, sich sprachlich selbst zu disqualifizieren, kein Hemmnis mehr darstellt?

Politischer Fehler 12

Die Meinung der Mehrheit wird ignoriert

Seit den ersten größeren Meinungsumfragen nach dem „Offenen Brief" von 2015 ergibt sich bei allen ähnlichen Gelegenheiten immer wieder ein annähernd gleiches Bild: Eine qualifizierte Mehrheit der Befragen – in der Regel mehr als 2/3 – spricht sich gegen das sprachliche Gendern aus. So war z. B. im August 2022 im Bayrischen Fernsehen eine Sendung gehörig danebengegangen, bei der unter den Jugendlichen für das Gendern geworben wurde. Auch hier blieben trotz des intensiven Werbens rund 2/3 der Teilnehmer auf der Seite der Gendergegner.

Die Erklärung für diese konstante Ablehnung ist schon bekannt: Das intuitive Sprachgefühl sagt uns Sprachteilnehmern, was den Sprachgepflogenheiten entspricht und was nicht. – Und weil das „Gendern" von der Sprachtradition abweicht, wird es auch mehrheitlich nicht als richtig empfunden.

Dass sich die Politik aber seit vielen Jahren ganz und gar nicht darum kümmert, was die Mehrheit der Bevölkerung zum Thema „Gendern" denkt, macht sehr, sehr nachdenklich.

Denn aus dieser Faktenlage ergibt sich eine schwerwiegende Frage:

Wenn die Politik gezielt gegen den Willen der Mehrheit handelt, ja diese Mehrheit sogar zwingt, gegen das eigene Sprachgefühl zu handeln, das aus der Sprachtradition gespeist wird,

ist das dann wirklich noch eine

Demokratie,

in der wir leben?

Das Schadensbild des Genderns in unserer Sprache

Das Schadensbild in behördlich produzierten Texten

Beginnen wir bei der Wurzel des Übels, dem Gleichbehandlungsgesetz:

> *„§ 2 (4) Vertreterin oder Vertreter des Dienstgebers im Sinne dieses Bundesgesetzes ist jede Bundesministerin, jeder Bundesminister, jede Dienststellenleiterin, jeder Dienststellenleiter, jeder und jede Vorgesetzte sowie jeder und jede Bedienstete, soweit die betreffende Person auf Seiten des Dienstgebers maßgebenden Einfluss auf Personalangelegenheiten oder Regelungen gegenüber Bediensteten hat."*
>
> *(Aus: Bundes-Gleichbehandlungsgesetz, konsolidierte Fassung, Juli 2008)*

Man plagt sich, diesen Text zu erfassen. Das liegt wohl nicht nur an der (gewollten?) grundsätzlichen Sperrigkeit juristischer Texte, sondern vor allem daran, dass alle personenbezogenen Begriffe in mühsam schleppender Form jeweils getrennt-geschlechtlich formuliert sind.

Unklar bleibt, warum der Gesetzgeber (bzw. die gegenderte Gesetzgeberin!) vergessen hat, dem „Dienstgeber" eine „Dienstgeberin" zur Seite zu stellen. Wer sich der Gender-Beflissenheit hingibt, indem er die Sprache künstlich aufbläht, stellt sich unweigerlich selbst das Bein. Das zeigt sich auch daran, dass das Prädikat im Satz nicht „ist", sondern „sind" lauten müsste, und dass das Wort „maßgebend" unüblich ist; stattdessen wäre „maßgeblich" passender. Aber all das sieht man erst, wenn man aus dem „Blähdeutsch" wieder „Normaldeutsch" macht:

„§ 2 (4) Vertreter des Dienstgebers im Sinne dieses Bundesgesetzes sind alle Bundesminister, Dienststellenleiter und Vorgesetzten, aber auch alle Bediensteten, soweit sie auf Seiten des Dienstgebers maßgeblichen Einfluss auf Personalangelegenheiten oder Regelungen gegenüber Bediensteten haben. "

Die Kürze des Normaltextes bringt nicht nur Sprachrichtigkeit mit sich, sondern auch bessere Verständlichkeit. – Dass ein Gesetzestext von möglichst allen Staatsbürgern verstanden werden soll, müsste eigentlich selbstverständlich sein.

Zum Vergleich: Die gegenderte Version umfasst 44 Wörter, die Normalversion 32!

Die Besessenheit, mit der die Genderideologie selbst zum Preis der Blamage der Text-Verfasser durchgezogen wird, ist erschreckend.

Ein zweites Beispiel:

Beschriftung des Unterschriftenfelds auf Zahlscheinen

> *„Unterschrift Zeichnungsberechtigte/r"*

Dieses Beispiel zeigt, in welch erschreckendem Maß der Genderzwang zur vollkommenen Verunsicherung – z. B. der Formularentwickler – führt.

Sprachlich einwandfrei wäre einzig und allein die Formulierung

> *„Unterschrift des Zeichnungsberechtigten"*

Die Devise lautet offenbar: Lieber gegendert und falsch – als ungegendert und richtig. Auf die immer noch halbwegs annehmbare Version

> *„Unterschrift des/der Zeichungsberechtigten"*

ist vor lauter Genderbeflissenheit keiner gekommen...

⌘

Ausschnitt aus dem Zahnärztegesetz

Bitte versuchen Sie, den folgenden kurzen Ausschnitt konzentriert durchzulesen:

> *§ 41 (1) Wenn eine Person, die behauptet, durch Verschulden eines/einer Angehörigen des zahnärztlichen Berufs (in der Folge: Schädiger/Schädigerin) im Rahmen seiner/ihrer Behandlung geschädigt worden zu sein (in der Folge: Geschädigter/Geschädigte), schriftlich eine Schadenersatzforderung erhoben hat, so ist der Fortlauf der Verjährungsfrist von dem Tag an, an welchem der/die Schädiger/Schädigerin, sein/seine bzw. ihr/ihre bevollmächtigter/bevollmächtigte Vertreter/Vertreterin oder sein/ihr Haftpflichtversicherer oder der Rechtsträger jener Krankenanstalt, in welcher der/die genannte Angehörige des zahnärztlichen Berufs tätig war, schriftlich erklärt hat, zur Verhandlung über eine außergerichtliche Regelung der Angelegenheit bereit zu sein, gehemmt.*

Nein, das ist kein Witz – und nein, das ist keine kabarettistische Übertreibung. Es handelt sich hier um einen winzigen Originalausschnitt aus einem Gesetz, das zur Gänze(!) in dieser unzumutbaren Art und Weise abgefasst ist.

Von Lesbarkeit und Verständlichkeit ist hier nicht die leiseste Spur zu finden. – Die Österreichische Bundesregierung kümmert sich keinen Deut um das, was der – von ihr selbst mitgetragene – „Rat für Rechtschreibfragen" zu einer solchen Textgestaltung zu sagen hätte

Jeder weitere Kommentar erübrigt sich hier wohl.

Der vorläufige Gipfelpunkt der Gender-Sumpfblüten ist das Sprachgestammel von Organen der Österreichischen Bundesregierung im **KLIMABONUS-FORMULAR 2022.** Es spottet jeder Beschreibung.

Hier nur ein kleiner Ausschnitt daraus:

> *Die Vollmacht gilt nur für den an **den*die jeweilige*n Vollmachtgeber*in** adressierten RSa-Brief ..., nur an der Wohnadresse **des*der jeweilige*n Vollmachtgeber*in** und verliert mit der Zustellung des Briefs ihre Gültigkeit.*

Man glaubt beim Lesen, den Verstand verloren zu haben, dabei sind es andere, die offenbar nicht mehr ganz bei Sinnen waren, als sie diese sprachlichen Entgleisungen zu Papier brachten...

Das Sternchen-Gestammel, das man als Leser hier selbst filetieren und anschließend bedarfsgerecht zusammenpuzzeln soll, entspricht weder den gültigen Rechtschreibregeln noch dem gesunden Menschenverstand. Dieser verlangt nämlich wenigstens die Beachtung der sprachlogischen Grundregel nach **Parallelität im Satzbau.**

Ein Beispiel: Wenn in einem Text von zwei Damen und zwei Herren die Rede ist, so sind, wenn danach die Namen dieser Personen genannt werden, wieder zuerst die Damen und erst dann die Herren anzuführen. – Das ist das sprachlogische Gesetz der Parallelität.

Analysieren wir nun das Sternchen-Gestammel hinsichtlich dieses Grundsatzes: Die Teile vor den Sternchen gehören jeweils als erste Version sprachlogisch zueinander, die Teile nach den Sternchen ergeben jeweils die zweite Version. – So sollte es zumindest sein.

Also versuchen wir, alles nach diesem Sprachgrundsatz aufzulösen:

> *... an den jeweilige Vollmachtgeber ?!?*
> *... an die jeweiligen Vollmachtgeberin ?!?*

Das Ergebnis ist in beiden Versionen sprachlicher Stumpfsinn.

Bei der zweiten Passage ist es nicht viel besser bestellt:

> *... an der Wohnadresse des jeweilige*
> *Vollmachtgeber ?!?*
>
> *... an der Wohnadresse der jeweiligen*
> *Vollmachtgeberin*

Hier führt wenigstens die zweite Zusammenstellung zu einem sprachrichtigen Ergebnis im Sinne der Parallelität. Die erste Version bleibt auf der Ebene des Stumpfsinns.

Als Deutschsprachiger schüttelt man bei der Lektüre solcher Stammeleien zwar ständig den Kopf, kann aber wenigstens den Inhalt halbwegs entschlüsseln. – Aber was fangen die vielen nichtdeutschsprachigen Menschen in unserem Land mit dieser „Information" an? – Eine indiskutable Zumutung!

Diese wenigen markanten Einzelbeispiele mögen genügen, um den erbärmlichen Gesamtzustand in unserer behördlich verordneten Sprache ermessen zu können. Entstellte Texte dieser Art begegnen uns im Dunstkreis der „offiziellen Sprache" auf Schritt und Tritt.

Der verhängnisvolle Beitrag der Medien zur Sprachzerstörung

> *„Die Gschnasfeste hatten den Charakter von Hausbällen. TeilnehmerInnen waren die KünstlerInnen mit ihren FreundInnen und MäzenInnen."*
> *(Wien aktuell, 2/2009)*

Die ersten beiden Binnen-I-Wörter enthalten wenigstens noch die korrekte männliche Wortform. Aber, wer sind **„die Freund--"** und wer sind **„die Mäzen--"**?

Gendern heißt, Sprachschrott zu produzieren: So denkt man nicht, so liest man nicht, so spricht man nicht! – Dass diese Schreibweisen nicht der geltenden Rechtschreibung entsprechen, muss nicht eigens betont werden. Großbuchstaben gab und gibt es immer nur am Wortanfang, niemals im Wortinneren. Fällt es Ihnen schon auf? – Beim Gendern gibt es nichts als Missachtung aller Regeln.

> *„Um als **professioneller Künstler/Künstlerin** arbeiten zu können..."*
> *(ORF 2, Wien heute, 13. 10. 2021)*

Die „professionelle Künstlerin" ist hier unter die Räder gekommen. Im Normaldeutsch wäre sie selbstverständlich ohne separate Erwähnung inkludiert gewesen. So aber ist sie zu einem Fall von Sprachkarambolage geworden, denn *„als professioneller Künstlerin arbeiten zu können"* ist sprachlicher Unsinn!

⌘

> **Jede*r , die/der** *will, kann mitmachen.*
> *(Wiener Zeitschrift „Stadtleben", 6/2022)*

Wie liest man diesen Sprachschrott jemandem vor? – Was denkt man selbst dabei?

> *„**Weibliche Priesterinnen** sind noch immer nicht zugelassen."*
> *(ORF 2, ZIB um 9 Uhr, 17. 12. 2021)*

Gut, dass wenigstens männliche Priesterinnen zugelassen sind. – Aber im Ernst gesprochen: Der Genderzwang raubt selbst gestandenen Medienprofis den Verstand.

⌘

Eine gesprochene (!) Nachrichtenmeldung in ORF 2, Sendung „Wien heute", 22. 6. 2022:

> *„Die Stadtregierung will die **Wiener innen** entlasten."*

Der Genderzwang erzeugt immer wieder absurde Stilblüten.

Man beachte: Sprechpausen signalisieren Wortgrenzen. – Das ist eine seit der Antike bestehende sprachliche Grundregel. Auch sie wird ohne jeden Anflug von Gewissensbissen gebrochen, selbst wenn dabei blühender Unsinn herauskommt, denn wie sollte man „Wiener innen entlasten"? Man schafft es ja schon „außen" nicht!

Immer wieder zeigt sich, dass Sprachrichtigkeit oder Verständlichkeit nicht mehr im Vordergrund stehen. Das Wichtigste ist und bleibt das Gendern – um jeden Preis, auch um den Preis der Lächerlichkeit.

⌘

Der TV-Gärtner Karl P. sagt in der Sendung KONKRET am 8. 9. 2022:

> *„**Ich als Gärtnerin oder Gärtner** werde jetzt im Herbst sicher noch vieles für das Frühjahr pflanzen."*

Jeder bemüht sich, brav zu gendern, auch wenn er sich dabei blamiert...

⌘

Eine problematische Nachrichtenmeldung in ZIB 1 am 31. 7. 2022:

> „Für Lehrerinnen, Pfleger und Ärzte gelten Ausnahmen."

Die Meldung ist insofern problematisch, als man von Informationen dieser Art Rechtssicherheit erwartet, man muss sich also auf die Korrektheit von Nachrichtenmeldungen verlassen können.

Nimmt man diese Meldung beim Wort, heißt das, dass die Ausnahmen zwar für alle Personen aus den Berufsgruppen der Pfleger und Ärzte gelten, aber aus der Berufsgruppe der Lehrkräfte nur für die weiblichen Lehrpersonen. – Genau dieser Inhalt wurde in der Kurzmeldung berichtet, aber das stimmt in dieser Form sicher nicht.

Es zeigt sich wieder einmal, dass keine Sprachschludrigkeit ausgelassen wird, nur um zu zeigen: Wir vom ORF gendern brav! – Die Schludrigkeit besteht hier darin, dass vorgetäuscht wird, weibliche und männliche Wortformen wären beliebig austauschbar, so als würden beide die gleiche Wortbedeutung besitzen. Mit Kenntnis der §§ 1 und 5 (S. 22 ff. bzw. 30 ff.) ist aber klar, dass dies nicht der Fall ist.

Am 8. 1. 2023 hielt die Sportberichterstattung des ORF in mittlerweile selbstverständlicher Genderbeflissenheit zwei neue Wortschöpfungen für ihre Zuhörer bereit: Eine Ski-Rennläuferin wurde uns als „*Fanin* von XY" vorgestellt, eine andere wurde als „*Landsfrau* von XY" tituliert.

⌘

Mit jedem weiteren Monat der pflichtgemäßen Anwendung des Genderns wächst das Ausmaß der „Sprachdemenz" sichtbar und spürbar an.

Hier eine Auswahl von „Genderblüten" aus verschiedenen Quellen, aufgespießt in den „Wiener Sprachblättern, Ausgabe August 2023":

Namensvetterinnen

Stimmungskanonin

Alle Interessiert:innen …

ProstatapatientInnen

Krankenschwesterinnen

Kletter:innen

Anwesende und Anwesendinnen

Gebärende Person

Liebevolle Zweibeiner*innen

Drogensüchtig:innen

Samenspender*innen

Feuerwehrmännerinnen

Verstorbene Mitarbeitende

⌘

Mit schauderhaft entstellten Wörtern und Texten ähnlicher Art ließen sich mittlerweile etliche Bände füllen. Doch jedes weitere Zitat könnte nichts Neuartiges mehr bieten, es würde nur das unglaublich massenhafte Auftreten einer beispiellosen Sprachzertrümmerung unterstreichen.

Die wenigen Beispiele auf den vorherigen Seiten konnten aber hoffentlich den Blick dafür schärfen, welch systematisches Zerstörungswerk seit vielen Jahren an unserer Sprache vollzogen wird.

Am erschreckendsten war wohl in letzter Zeit, erleben zu müssen, wie ein Medienberichterstatter nach dem anderen begann, sich eines irritierenden Sprachgestammels zu bedienen (z. B. „die Konsument[hick]innen" oder „die Kund[hick]innen") und dabei so zu tun, als wäre das die normalste Sache der Welt. Nachrichtensendungen aller Art sind zum unerträglichen „Gendergestammel" verkommen.

Ein Primararzt aus Deutschlandsberg hat es mit diesen Worten auf den Punkt gebracht: „Die Genderitis ist eine gefährliche Geisteskrankheit, führt sie doch innerhalb kürzester Zeit zu vollkommener Verblödung." Der Satz stammt aus dem Jahr 2015. Bei den Medien und großteils auch in der Politik ist diese **kollektive Demenz** bereits angekommen, nur das weitgehend gesund gebliebene Volk wehrt sich immer noch mit aller Kraft...

Der gezielte Bruch mit der Sprachtradition

Die Gendersprache bewirkt einen radikalen Kulturbruch. Das zeigt sich wohl am deutlichsten an den vielen Sprichwörtern, Redensarten und Zitaten, die Bestandteil unserer Kulturtradition sind. Sie alle können nicht gegendert werden, ohne dass die dahinterliegende Sentenz in der Lächerlichkeit der Formulierung verlorengeht. Stellvertretend für viele weitere, mögen das einige wenige Beispiele belegen.

> *Wer ohne Schuld ist, die/der werfe den ersten Stein. (Neues Testament)*

> *Jede/r ist seines/ihres Glückes Schmied/in.*

> *Wer zu spät kommt, die/den bestraft das Leben. (Gorbatschow)*

> *Der/des einen Freud, der/des andern Leid.*

> *Wer es fassen kann, die/der fasse es... (Neues Testament)*

> *Wem nicht zu raten ist, der/dem ist nicht zu helfen.*

> *Wer einmal lügt, der/dem glaubt man/frau nicht, selbst wenn sie/er dann die Wahrheit spricht.*

> *Der/Die Klügere gibt nach.*

> *Es kann der/die Beste nicht in Frieden leben, wenn es der/dem bösen Nachbarin/Nachbarn nicht gefällt.*

Eine/r trage der/des anderen Last. (Neues Testament)

Da schweigt der/des Sängerin/Sängers Höflichkeit.

Der/Die Dichter/in ist das Sprachrohr der Ratlosigkeit seiner/ihrer Zeit. (Marie Luise Kaschnitz)

Die gegenderte Form in diesen Beispielen erweist sich nicht nur als unbrauchbar, sie ist auch eine Entstellung geläufiger Zitate, ja oftmals sogar eine Fälschung. So würde etwa Marie Luise Kaschnitz ihre Sentenz in der hier wiedergegebenen Form niemals als ihr geistiges Eigentum anerkennen. – Dasselbe gilt wohl auch für Paula von Preradović und ihren mittlerweile genderbeflissen „bearbeiteten" Text der österreichischen Bundeshymne.

⌘

Auch Spiele sind Teil unserer Kulturtradition. – Für jedes der bei uns üblichen Spiele – von „Völkerball" bis zum Schachspiel gibt es bestimmte Regeln, die in Spielanleitungen festgeschrieben werden.

Hier zum Vergleich ein Ausschnitt aus einer **Spielanleitung** für ein Kartenspiel in zwei Textversionen.

VERSION 1

Eine/r der SpielerInnen ist der/die GeberIn. Er/Sie mischt die Karten und lässt abschließend ihren/seinen rechte/n SitznachbarIn abheben. Nun gibt sie/er im Uhrzeigersinn jedem/r MitspielerIn 8 Karten und legt den Rest als Nachziehstapel in die Mitte des Spieltisches. Der/Die SpielerIn links vom/von der GeberIn spielt als Erste/r eine Karte aus. Der Reihe nach legt nun ein/e MitspielerIn nach dem/der anderen eine passende Karte aus seiner/ihrer Hand dazu. Den Stich bekommt der-/diejenige Mitspieler/in, der/die die höchste Karte der ausgespielten Farbe auslegen konnte. Als Nächstes zieht jede/r reihum eine weitere Karte vom Nachziehstapel. Dann spielt der/die GewinnerIn des ersten Stichs eine Karte aus, und das Spiel geht weiter...

VERSION 2

Einer der Spieler ist der Geber. Er mischt die Karten und lässt abschließend seinen rechten Sitznachbarn abheben. Nun gibt er im Uhrzeigersinn reihum jedem Mitspieler 8 Karten und legt den Rest als Nachziehstapel in die Mitte des Spieltisches. Der Spieler links vom Geber spielt als Erster eine Karte aus. Der Reihe nach legt nun ein Mitspieler nach dem anderen eine passende Karte aus seiner Hand dazu. Den Stich bekommt derjenige, der die höchste Karte der ausgespielten Farbe auslegen konnte. Als Nächstes zieht jeder reihum eine weitere Karte vom Nachziehstapel. Dann spielt der Gewinner des ersten Stichs eine Karte aus, und das Spiel geht weiter...

Preisfrage: Welche Version ist zu bevorzugen, weil sie leicht lesbar und problemlos verständlich ist? – Alles klar!

An diesem anspruchslosen Alltagstext zeigt sich einmal mehr: Die Sprache hat nicht die Aufgabe, geschlechtergerecht zu sein, sondern vielmehr einzig und allein funktionsgerecht, also unmittelbar verständlich und sprachrichtig.

⌘

Manche Aussagen, die bisher problemlos in Worte zu fassen waren, können durch die „Abschaffung der Allgemeinbegriffe" nicht mehr getätigt werden. – Jeder Versuch, die folgenden Sätze „geschlechtergerecht" zu formulieren, ist zum Scheitern verurteilt:

Frauen sind die rücksichtsvolleren Autofahrer.

> *Die meisten meiner Patienten sind Frauen.*

Beide Eheleute sind Raucher.

> *Bis zum Jahr 1971 waren Frauen in der*
> *Schweiz Bürger zweiter Klasse,*
> *denn sie besaßen bis dahin kein Wahlrecht.*

⌘

> *Unter den Demonstranten waren besonders*
> *viele Flüchtlinge und Studenten.*

Ein verständlicher Satz mit eindeutigem Informationswert wird der Maskulinallergie der Genderbeflissenen geopfert und in einen sprachlich falschen Satz verwandelt, denn Gendergerechtheit ist wichtiger als Sprachrichtigkeit:

Unter den Demonstrierenden waren
besonders viele Flüchtende und Studierende.

Die *Demonstrierenden* sind noch durchaus sprachlich gleichzusetzen mit den *Demonstranten.* Aber: Wer bei einer Demonstration ein *Flüchtender* ist, der nimmt nicht an ihr teil, sondern flüchtet vor ihr, ist also so schnell wie möglich weg vom Ort des Geschehens. – Und ein *Studierender* tut gerade, wie das Wort dokumentiert, etwas ganz anderes als demonstrieren. Wer jetzt als *Studierender* in ein Studienthema vertieft ist, dem sind die Anliegen einer Demonstration im Augenblick ziemlich egal; er nimmt daher gar nicht erst daran teil, weil er ja gerade studiert.

„Geschlechtergerechte Sprache" gerät nur allzu oft in das Fahrwasser sprachlichen Unfugs.

⌘

Aus dem lesbaren, sprechbaren und daher unmittelbar verständlichen

Patientenanwalt

wird im sog. „korrekten" Genderdeutsch ein unlesbares, unsprechbares und daher nicht mehr unmittelbar verständliches Ungetüm:

PatientInnenanwalt/wältin.

Die Beispiele untermauern einerseits die Sinn-
haftigkeit der Richtlinien des „Rats für deutsche
Rechtschreibung" (der Binnen-I, Genderstern,
Schrägstrich u. Ä. innerhalb von Wörtern nicht
goutiert), zeigen aber andererseits die Borniertheit
der Genderideologie, die alle Aspekte und alle
Autoritäten missachtet, die nicht in ihr ideologisches
Konzept passen. – Diese Grundhaltung wurde ja auch
bereits an anderen Stellen offenkundig.

⌘

Ein letztes Beispiel dafür, wie die Forderung nach
absoluter Geschlechtergerechtheit nur ins sprachliche
Chaos führen kann:

In der Sprache der Bürokratie gibt es so manche
lange und sperrige Begriffe (siehe dazu die
Wortungetüme Seite 104).
Das Wort

Bürgermeisterstellvertreterkandidatenliste

kann zwar absolut bei keiner sprachlichen
Schönheitskonkurrenz antreten, ist aber doch in
Summe klar und unmittelbar verständlich. Auch
(vor)lesbar ist es in dieser Form.

„Korrekt gegendert" lautet das Wort dann aber so:

*BürgerInnenmeisterInnenstellvertreterInnen
kandidaten/innenliste*

Das ist weder klar und unmittelbar verständlich,
noch ist es in dieser Form vorlesbar. Die Gender-
ideologie nimmt jede Art der Sprachzerstörung in
Kauf...

⌘

Der Gipfelpunkt der Sprachzerstörung – Der Rechtschreib-DUDEN 2020, 28. Auflage

Die unbegreiflichste und zugleich schändlichste Aktion in der Geschichte unserer Sprache ist die versuchte endgültige Abschaffung der Allgemeinbedeutung von personenbezogenen Wörtern im neuesten Rechtschreib-DUDEN.

Hätte sich die Wörterbuchredaktion wenigstens in der hauseigenen DUDEN-Grammatik vergewissert, ob es für diesen Schritt eine hinreichende Rechtfertigung gibt, wäre dieser Fehltritt nie geschehen. Die Grammatik bietet nämlich keinerlei Anhaltspunkte dafür, da sie ja nur die natürlich gewachsene Sprachstruktur wiedergibt. Die „geschlechtergerechte" Sprache hingegen ist nichts historisch Gewachsenes, sondern eine politisch gestützte Forderung der Sprachfeministinnen. Es bleibt unbegreiflich, wie sich eine Wörterbuchredaktion den ideologisch motivierten Forderungen einer Minderheit unterwerfen kann, anstatt die tradierte, allgemein akzeptierte Form unserer Sprache hochzuhalten und abzubilden. – Das nämlich ist die prinzipielle Aufgabe von Wörterbüchern.

Auch ein Vergleich mit anderen Wörterbüchern hätte der DUDEN-Wörterbuchredaktion die Gewissheit gegeben, auf dem falschen Weg zu sein.

So finden sich z. B. im Online-Thesaurus „DWDS" der „Berlin-Brandenburgischen Akademie der Wissenschaften" Einträge folgender Art:

> *Patient* = *Kranker, der sich in ärztlicher Behandlung befindet*
>
> *Arbeiter* = *Person, die überwiegend körperliche Arbeit verrichtet*

Die Beispiele zeigen sonnenklar, dass im „DWDS" personenbezogene Allgemeinbegriffe im herkömmlichen, historisch belegbaren Bedeutungsrahmen eingestuft sind – analog zu den eingangs in diesem Band dargestellten 16 Regelparagraphen.

Ähnliche Worterläuterungen sind auch im Online-Wörterbuch „OWID" des „Instituts für deutsche Sprache" vorzufinden.

Das Standardwerk „Textgrammatik der deutschen Sprache" von Harald Weinrich belegt auf Schritt und Tritt ebenfalls, dass personenbezogene Wörter die Grundfunktion von Allgemeinbegriffen haben. Ein Beispiel aus der 4. Auflage, 2007, Seite 832 möge stellvertretend für unzählige analoge Fälle stehen: „Die Sprechersignale lassen sich danach unterscheiden, ob der Sprecher sein Rederecht behalten oder an den Hörer abgeben will..." – Von Gendern keine Spur!

Somit koppelt sich der Rechtschreib-DUDEN bewusst vom Mainstream der Sprachstruktur ab und macht sich zum willigen Propagandawerkzeug einer Minderheit, die letzten Endes ein zerstörerisches und kontraproduktives Werk an unserer Sprache vollführt.

Das ist für eine Wörterbuchredaktion von Rang indiskutabel und unverantwortlich!

Die Kollateralschäden des „Genderzwangs"

Kollateralschaden 1
Die Gendersprache ist nicht allgemein verständlich

Menschen jeden Alters in unserem Land, die versuchen, unsere Sprache zu erlernen, haben zuallererst das Grundproblem, Wort für Wort die Vokabel in der für sie noch unbekannten Sprache zu speichern. Dabei erleben sie im Deutschen auch ohne das Gendern schon genug Lernhürden, die in anderen Sprachen gar nicht vorhanden oder zumindest weniger stark ausgeprägt sind:

- die Systemlosigkeit, mit der unsere Nomen einer der 3 Deklinationsklassen zugeordnet sind (**die** Tür, **das** Fenster, **der** Boden...)

- die Artikel als solche, die viele Sprachen nicht kennen

- die Unbegreiflichkeit der unterschiedlichen Fallformen samt ihren dazugehörenden irritierenden Artikeln (mit **der** Mutter, **die** Männer...)

- die Substantivgroßschreibung, die jeder beherrschen soll, obwohl sogar Fachleute zugeben, dass sie nicht 100-prozentig beherrschbar ist

- die Wortungetüme, die den Nichtdeutschsprachigen immer wieder Rätsel aufgeben (Arbeitnehmerveranlagungsformular, Straßenverkehrsordnungsnovelle, spülmaschinengeeignet,...)

Zu all diesen Schwierigkeiten kommt nun noch eine weitere, schier unüberwindliche Hürde, das Gendern, z. B.:

„Jede/r Beihilfenbezieher/in muss ihren/seinen laufenden Anspruch auf Beihilfe nachweisen können."

Solche Formulierungen sind „sprachliches Hackfleisch", hier zusätzlich mit wechselnder Geschlechterzuordnung (w/m – m/w – w/m), d. h., das Prinzip der Parallelität im Satzbau (siehe Seite 86) wird zusätzlich über Bord geworfen. Sowohl die Verständlichkeit als auch die Sprachrichtigkeit haben gegenüber dem Gendern leider derzeit immer Nachrang.

Die große Gruppe der Menschen in unserem Land ohne ausreichende Sprachkenntnisse – und vor allem ohne Einschulung im Bereich der „Gendersprache" – wird von der offiziellen Kommunikation ausgeschlossen. Ein inakzeptabler Zustand!

Kollateralschaden 2

Die Gendersprache in den Schulbüchern verhindert, dass Schüler angemessene Lernfortschritte machen

Weil das leichte Verständnis eines Textinhalts durch Sprachentstellung gezielt erschwert wird (siehe oben, Kollateralschaden 1), darf man sich nicht wundern, wenn vor allem die vielen Kinder mit nichtdeutscher Herkunftssprache in unseren Schulen massiv benachteiligt sind. Das ist unschwer daran zu erkennen, dass selbst Kinder mit deutscher Muttersprache beim Entziffern gegenderter Schulbuchtexte Schwierigkeiten haben.

Der Wunsch der Regierung nach bestmöglicher schulischer Integration von Kindern mit nichtdeutscher Muttersprache wird von eben derselben Regierung hartnäckig konterkariert, indem sie an den absurden Gendervorschriften festhält.

Kollateralschaden 3

Die Gendersprache beeinträchtigt schwerwiegend jede sachbezogene Kommunikation

Um problemlos miteinander kommunizieren zu können, benötigen wir eine Sprachbasis, die unmittelbar verständlich ist. Die Gendersprache ist aber weder sprechbar noch vorlesbar, daher ist die unmittelbare Verständlichkeit nicht mehr gegeben.

Die vielen Beispiele im vorangegangenen Kapitel „Das Schadensbild des Genderns in unserer Sprache", Seite 82 ff. , konnten dies wohl überzeugend belegen.

Die zwangsgegenderten Sprachprodukte entsprechen somit nicht unserer Denkstruktur, denn unser Denken produziert klare, unmittelbar verständliche Spracheinheiten ohne Schrägstriche, Binnen-I oder sonstigen Unfug.

Bei jeder sachbezogenen Kommunikation muss eine Übereinstimmung von Denken und Sprechen bestehen, sonst entsteht anstelle einer funktionierenden zwischenmenschlichen Verständigung eine Kommunikationsstörung. – Genau das Letztere ist beim sprachlichen Gendern der Fall.

Kollateralschaden 4

Die Gendersprache ist in der Blindenschrift nicht umsetzbar

Eine von Sternchen, Doppelpunkten oder Unterstrichen gestörte Wortstruktur ist in der Brailleschrift nicht umsetzbar. Schreibweisen wie „jede/r Kolleg*in" sind schlichtweg nicht möglich, weil zerstörte Wortbilder für Blinde weder schreibbar noch lesbar sind. Die Blindenschrift zielt notwendigerweise auf unmittelbare Verständlichkeit des gesprochenen und geschriebenen Wortes. Die Gendersprache hingegen verhindert dieses Ziel durch störende Eingriffe in klare Wörter, weil das Gendern stets als wichtiger eingestuft wird als alles andere.

Blinde (und mit ihnen zugleich auch schwer sehbehinderte Menschen) werden somit ausgegrenzt, weil ihnen die Teilhabe an der neuen Welt der „gegendert" geschriebenen Wörter unmöglich gemacht wird.

Kollateralschaden 5

Die Gendersprache widerspricht den Bestrebungen, kognitiv beeinträchtigten Menschen durch vereinfachte Sprache Zugang zu Informationen zu ermöglichen

Auch die hier angesprochene Gruppe von Menschen wird ausgegrenzt. Die Gründe dafür sind ähnlicher Natur wie bei den Blinden, allerdings haben kognitiv beeinträchtigte Menschen nicht nur bei geschriebenen, sondern sogar bereits bei gegendert gesprochenen Texten Verständnisprobleme.

Kollateralschaden 6

Die Gendersprache koppelt die Gruppe der Deutschsprachigen vom internationalen Informations- und Gedankenaustausch ab

Diese Abkoppelung findet auf verschiedenen Ebenen statt:

- Genderdeutsch ist nicht in andere Sprachen übersetzbar

- Genderdeutsch kann nicht gedolmetscht werden

- Genderdeutsch ist in keinem der bilingualen Wörterbücher (z. B. Deutsch – Englisch, Deutsch – Italienisch usw.) anzutreffen

- Genderdeutsch ist weltweit in keinem Sprachlehrgang für Deutsch vertreten, weil dieses Wortbrocken-Deutsch nicht vermittelbar ist

- Genderdeutsch hält Lernwillige davon ab, das Fach Deutsch als Fremdsprache auszuwählen

Für die Verwendung in der internationalen Kommunikation ist die Gendersprache somit vollkommen ungeeignet. Dass die Reputation der deutschen Sprache als einer Sprache von Rang dadurch nicht nur gravierend beeinträchtigt wird, sondern vielmehr zur Gänze verspielt ist, muss jedem klar sein.

Kollateralschaden 7

Die Gendersprache ist eine permanente Aufforderung, sich ausschließlich an die Genderregeln zu halten und sich über alle anderen Regeln der Sprache einfach hinwegzusetzen

Die Gendersprache widersetzt sich nicht nur den tradierten Grundregeln für personenbezogene Allgemeinbegriffe (§§ 1-16), auch die Empfehlungen des „Rats für deutsche Rechtschreibung" werden nicht anerkannt. Dieser stellt nämlich unter anderem klar, dass Texte unmittelbar verständlich und (vor)lesbar sein müssen, dass sie eindeutig zu sein haben und auf diese Weise Rechtssicherheit gewährleisten sollen.

Diese Klarstellung verbietet somit die Entstellung von Wortbildern durch Schrägstriche, Binnen-I, Sternchen, Unterstriche etc., aber auch die beliebige Austauschbarkeit von maskulinen und femininen Wortformen.

All diese Kriterien werden zugunsten der „geschlechtergerechten Sprache" in den Wind geschrieben, wie im Kapitel „Das Schadensbild ..." (Seite 82 ff.) belegt werden konnte.

Die unverhohlene Weigerung, eine autorisierte Stelle wie den Rechtschreibrat anzuerkennen, beweist einmal mehr, dass die „Genderbewegung" eine Ideologie ist, die nur die rücksichtslose

Durchsetzung der eigenen Ziele anstrebt und dafür sogar die Zerstörung bestehender Sprachstrukturen in Kauf nimmt. Dass diese Bewegung nach wie vor die uneingeschränkte Rückendeckung seitens der Politik erhält, ist völlig unverständlich und verantwortungslos.

Kollateralschaden 8

Die Gendersprache diskriminiert das dritte Geschlecht

Jene Menschengruppe, die sich selbst dem mittlerweile rechtlich anerkannten „diversen" Geschlecht zurechnet, kommt in einer künstlich geschaffenen Gendersprache, die nur Bipolarität kennt, überhaupt nicht vor. Sie sind für die Verfechter des Genderns inexistent. Eine stärkere Demütigung von Mitmenschen ist kaum mehr vorstellbar. Der Sprachfeminismus tut es gnadenlos. Es zeigt sich: Ideologien setzen sich in ihrer einseitigen Verbohrtheit über alles hinweg, sogar über fundamentale moralische Selbstverständlichkeiten der Mitmenschlichkeit. – Die Politik schaut tatenlos zu und lässt dies alles geschehen...

Kollateralschaden 9

Die Gendersprache wird mit Hinweis auf die Anti-Diskriminierungsgesetze und Minderheitenrechte zu legitimieren versucht, diskriminiert jedoch selbst massiv viele Menschengruppen

Wie in den bisherigen Ausführungen gezeigt werden konnte, stellt die Gendersprache für folgende Menschengruppen im deutschen Sprachraum eine Beeinträchtigung im Sinne einer Ausgrenzung dar:

- Menschen mit geringen Deutschkenntnissen

- Schüler im Pflichtschulalter

- Blinde und Sehbehinderte

- Menschen mit kognitiven Beeinträchtigungen

- Menschen, die sich dem dritten Geschlecht zurechnen

Alle diese Personengruppen können an einer „gegenderten Kommunikation" nicht ungehindert teilnehmen oder sind – wie die Menschen mit „diversem Geschlecht" – a priori sprachlich ausgeschlossen.

Die kleine Gruppe der Sprachfeministinnen diskriminiert unter Berufung auf bestehende Minderheitenrechte straflos sage und schreibe fünf andere Menschengruppen. Der Staat mit all seiner Autorität und seiner Möglichkeit finanzieller Zuwendungen verschafft ihnen dabei noch Rückendeckung. – Unfassbar!

Doch das ist noch immer nicht alles, denn der Sprachfeminismus nimmt zusätzlich auch noch die Mehrheit der Sprachverwender in „Geiselhaft". Alle Menschen, die noch das traditionelle Normaldeutsch beherrschen und als einzig richtig betrachten, werden – z. B. als Lehrkräfte oder Studenten – von Amts wegen dazu gezwungen, die falsche Sprachform „Genderdeutsch" zu verwenden.

Dass die Personengruppe der „Normaldeutsch"-Verwender die Mehrheit in der Sprachgemeinschaft darstellt, belegen die vielen Umfragen und ihre signifikanten Ergebnisse (siehe Seiten 54 und 80).

Kollateralschaden 10

Die staatlich verordnete Gendersprache widerspricht der österreichischen Bundesverfassung

Die Festlegung in der Verfassung, dass die Staatssprache in unserem Land „Deutsch" ist, kann sich evidenterweise nur auf jene Grundform der deutschen Sprache beziehen, die damals (1919) allgemein gültig war. Zu dieser traditionell überlieferten und von Generation zu Generation weitergegebenen Form zählt – als ein Bestandteil der

Grundstruktur des Deutschen – die Verwendung personenbezogener Begriffe als Allgemeinbegriffe, wie die §§ 1-16 (Seiten 22 – 48) zweifelsfrei zeigen konnten.

Somit stellt die Gendersprache, weil sie in der verfassungsmäßigen Festsetzung der deutschen Sprache als Staatssprache nicht inkludiert war, einen

Verfassungsbruch

dar. – Die in der Bundesverfassung festgeschriebene Sprache ist eine Sprache ohne Gendern! – Das beweisen bis auf den heutigen Tag sämtliche Darstellungen der deutschen Sprache, vor allem unsere führenden Grammatikwerke *Harald Weinrich, Textgrammatik der deutschen Sprache*, sowie die *DUDEN-Grammatik*). – Wie selbstverständlich die Allgemeinbedeutung personenbezogener Wörter sogar den führenden Grammatikexperten immer war, zeigt sich daran, dass die am Beginn dieser Broschüre dargestellten 16 Paragraphen zwar auf Schritt und Tritt in den Grammatiken angewandt werden (vgl. dazu das Weinrich-Textbeispiel auf Seite 101), aber nirgends explizit angeführt sind.

Kollateralschaden 11

Die sprachliche Betonung des Trennenden widerspricht den demokratischen Prinzipien

Die Gendersprache setzt ein falsches Signal: Statt an positiven gemeinsamen Werten in der Gesellschaft zu arbeiten, wird das Trennende zwischen den Geschlechtern betont. Wer ständig hervorhebt, eine Frau zu sein und mit den Männern nicht in einen Topf geworfen werden zu wollen, signalisiert nichts anderes als: Wir sind und bleiben eure erbitterten Gegner.

In einer Demokratie herrschen aber ganz andere Zielsetzungen. Schiller hat es am beeindruckendsten auf den Punkt gebracht: „ALLE Menschen werden Brüder". – Er postuliert damit ein friedliches, respektvolles Miteinander aller – mit gleichen Rechten und Chancen. Dieses Wort ALLE meint keineswegs nur Frauen und Männer, sondern auch Menschen mit diversem Geschlecht, die uneingeschränkt zu uns, der Gemeinschaft der Menschen gehören. Die herkömmliche Sprache inkludiert und respektiert also wirklich ALLE Menschen. Die Gendersprache hingegen tut das nicht.

Es ist somit wohl nicht zu hoch gegriffen, wenn man die sprachfeministische Bewegung nicht nur als diskriminierend, sondern auch als

demokratiefeindlich

einstuft.

Die Politik – und j e d e der sie mitgestaltenden Parteien! – hat sich daher von ihr zu distanzieren, anstatt sie zu fördern und zu stützen.

Forderungen an die Politik

Es ist höchste Zeit, zu handeln!

Die Politik hat der Ideologie des Sprachfeminismus freien Lauf gelassen – in der irrigen Meinung, berechtigte frauenrechtliche Anliegen damit zu unterstützen – und dabei die Sprache selbst als Gestaltungsraum freigegeben.

Die Sprache muss aber, um als allgemein akzeptiertes Kommunikationsmittel innerhalb der Sprachgemeinschaft verfügbar zu bleiben, frei von ideologisch motivierten Reglementierungen sein. Der staatlich unterstützte Versuch der Sprachfeministinnen, die personenbezogenen Allgemeinbegriffe abzuschaffen, stellt eine absolute Kompetenzüberschreitung dar, eben weil niemand berechtigt ist, zu bestimmen, wie unsere Sprache zu funktionieren hat. Die Sprache regelt sich selbst, oder sie funktioniert nicht mehr. Dieser Punkt des Nicht-mehr-Funktionierens ist inzwischen längst erreicht. Nur eine Wiedergutmachung durch die Politik kann diesen blamablen Zustand beheben.

Folgende untragbaren Gegebenheiten müssen sofort behoben werden:

- Die Zerstörung eines Grundelements unserer Sprachstruktur, nämlich die Verwendung personenbezogener Allgemeinbegriffe

- Die Nichtbeachtung des Artikels 8 der österreichischen Bundesverfassung, in der Deutsch als Staatssprache festgelegt ist

- Die Nichtanerkennung der Empfehlungen des Rats für deutsche Rechtschreibung

- Die vielfache Diskriminierung durch die Gendersprache

- Die Finanzierung der Ideologie des Sprachfeminismus durch Steuergelder

Daraus resultiert ein Katalog von 8 Forderungen an die Politik.

Forderung 1

Die deutsche Sprache muss gesetzlich geschützt werden

Während alle möglichen Bereiche unserer Kultur – von Denkmalschutz bis Landschaftsschutz – durch gesetzliche Vorgaben vor unzulässigen Eingriffen geschützt sind, hat die Sprache den Status von

„Freiwild", weil eine Minderheit dazu autorisiert wurde, sie nach Belieben „geschlechtergerecht" zu verbiegen.

Dieser verhängnisvolle politische Schritt ist rückgängig zu machen bei gleichzeitiger Klarstellung, dass einerseits Deutsch in seiner tradierten Form als Staatssprache fixiert ist und dass außerdem die Grundstruktur der Sprache von niemandem nach Belieben umgestaltet und mit neuen Sprachvorschriften belegt werden darf.

Forderung 2

Die Tradition der Allgemeinbegriffe in unserer Sprache muss als tragendes kulturelles Grundelement wiederhergestellt werden

Die Sprache ist mit sofortiger Wirkung wieder so zu gebrauchen, wie sie in den führenden Grammatiken (Weinrich bzw. DUDEN) beschrieben ist. Weil die Grammatiken kein sprachliches Gendern kennen, ist auch im alltäglichen Sprachgebrauch das Gendern zu unterlassen.

Forderung 3

Ein „Rat für deutsche Sprache" sollte eingerichtet werden

Im Falle von Veränderungstendenzen in der Sprache sollte dieser Rat – analog zum „Rat für deutsche Rechtschreibung" – allein zur Beurteilung befugt sein, ob eine sprachliche Neuerung zulässig ist. Das „Institut für deutsche Sprache" in Mannheim bietet sich als Standort an, weil dort auch bereits der Rechtschreibrat angesiedelt ist.

Forderung 4

Die unzähligen „Leitfäden zur geschlechtergerechten Sprache" müssen für ungültig erklärt werden

Die genannten Leitfäden sind es, die einen überbordenden Wildwuchs entstellter Wörter ausgelöst haben. Alle diesbezüglichen „Lösungsvorschläge" sind sofort zu annullieren. Somit kann jeder zur normalen deutschen Sprache zurückkehren, wie er sie von Kindesbeinen an erlernt hatte. Die bislang unterdrückte Mehrheit der Sprachverwender kommt dadurch wieder zu ihrem Recht. Für die vielen diskriminierten Minderheiten (von den Blinden bis zum diversen Geschlecht) bedeutet dies das Ende der Diskriminierung.

Forderung 5

In allen Schulbüchern ist die korrekte Verwendung der deutschen Sprache wiederherzustellen

Die Sprachentstellung durch „gegenderte" Formulierungen in Schulbüchern ist rückgängig zu machen und durch Normaldeutsch – wie in den führenden Grammatiken angewandt – zu ersetzen. Eine Richtschnur für den Umgang mit personenbezogenen Allgemeinbegriffen bieten die 16 Paragraphen am Beginn dieses Buches.

Die zielgerichtete Wiederherstellung der normalen, ungegenderten deutschen Sprache sollte im Sprachunterricht der kommenden Schuljahre im Vordergrund stehen. Die 16 Paragraphen über die sprachrichtige Verwendung von Allgemeinbegriffen sollten zum Grundwissen eines jeden Schulabgängers gehören.

Erst mit Hilfe dieser Maßnahmen wird es wieder möglich, alle Schüler objektiv nach ihrem Leistungsstand zu beurteilen, weil der traditionelle objektive Gradmesser für die Sprachbeherrschung wiederhergestellt wird.

Forderung 6

Sämtliche Lehrstühle für „Feministische Linguistik" sind aufzulösen

Die „feministische Linguistik" hat auf dem Boden der wissenschaftlichen Lehre keine Daseinsberechtigung. Sie ist keine Wissenschaft im Sinne von deskriptiver Forschung, sondern eine Ideologie, die unter dem Deckmantel der „Wissenschaftlichkeit" präskriptiv sprachverändernd agitiert. – Das Unheil, das sie bisher in der Sprache angerichtet hat, ist evident. Damit muss nun Schluss sein.

Forderung 7

Die gesetzlichen Bestimmungen zur „sprachlichen Gleichbehandlung" sind zu annullieren

Alle Bestimmungen zur „sprachlichen Gleichbehandlung" sind aus den Gleichbehandlungsgesetzen zu entfernen, weil sie den Regeln der deutschen Sprache nicht entsprechen und daher nicht gesetzesfähig sind.

Forderung 8

Die 28. Auflage des Rechtschreib-DUDENs muss für ungültig erklärt werden

Die 28. Auflage des Rechtschreib-DUDENs hält sich durch die deklarierte Abschaffung personenbezogener Allgemeinbegriffe nachweislich nicht mehr an die gültigen Gesetzmäßigkeiten der Grammatik. Daher sollte der DUDENverlag verpflichtet werden, sämtliche in Umlauf befindlichen Exemplare zurückzunehmen und kostenfrei durch eine Neuauflage mit richtiger Darstellung der Sprachgegebenheiten zu ersetzen.

Resümee

Geschlechtergerechtheit in der Sprache wird es nie geben. Das ist auch gar nicht die Aufgabe der Sprache, sondern einzig und allein, eine klare, eindeutige Kommunikation auf Basis der bestehenden, allgemein anerkannten Sprachregeln zu gewährleisten. Schon die Tatsache, dass der feminine Artikel „die" im Plural alle drei grammatischen Geschlechter für sich beansprucht, muss uns stets daran erinnern, dass die Sprache als Austragungsort für diese Sehnsucht nach Gerechtigkeit unter den biologischen Geschlechtern ungeeignet ist, sonst müsste die Männerwelt bei jeder Pluralform in Protestschreie wegen sprachlicher Ungleichbehandlung ausbrechen...

Aber Geschlechtergerechtheit können und sollten wir Menschen in unserem Denken und Handeln zum Lebensprinzip machen, indem wir allen drei biologischen Geschlechtern gleichen Respekt zollen und sie in allen Lebensbereichen als gleichwertig anerkennen und behandeln.

Wer dies tut, befindet sich wieder im Einklang mit den wesentlichen Prinzipien der Demokratie:

- Anerkennung der Staatssprache Deutsch als gewachsene, tradierte Sprachform im Sinne der Bundesverfassung
- Anerkennung der Meinung der Mehrheit als bestimmendes Element der Demokratie

- Anerkennung, dass sprachliche Gleichbehandlung nicht zu den Aufgaben der Sprache zählt
- Anerkennung, dass eine Minderheit nicht das Recht hat, die Mehrheit unter ihr Joch zu zwingen und dabei zusätzlich andere Minderheiten zu unterdrücken

⌘

**Die Sprache ist kein Austragungsort
für den Kampf
um die Gleichberechtigung.**

Zum Nachdenken

Es ist nicht Aufgabe der Sprache, sich an den Vorgaben einer Minderheit zu orientieren.

Es ist vielmehr Aufgabe aller Sprachteilnehmer, sich an die Vorgaben der Sprachgesetze zu halten.

⌘

Nur über eine außer Streit gestellte gemeinsame sprachliche Plattform kann ein Diskurs zwischen unterschiedlichen Meinungen stattfinden. Die Grammatik einer Sprache ist diese gemeinsame Plattform, sie bietet jedem Sprachverwender Halt und Orientierung. Wird in das Gerüst der Sprache eingegriffen, ist sie akut einsturzgefährdet. – Genau das ist der aktuelle Status der deutschen Sprache – bedingt durch den aggressiven Sprachfeminismus.

⌘

Wo nicht nur Sprachgesetze außer Kraft gesetzt werden, sondern auch der Wille der Mehrheit der Bevölkerung missachtet wird, kann nicht mehr von einer demokratischen Gesellschaftsordnung gesprochen werden. – Wehret den Anfängen!